Gerd B. Ziegler   Bernhard Huber

TAROT

Spiegel deiner neuen Zeit

Gerd B. Ziegler Bernhard Huber

TAROT

Spiegel deiner neuen Zeit

Kurs zum Aleister Crowley &
Frieda Harris Thoth Tarot

KÖNIGSFURT
URANIA

Vorbemerkung des Verlags:
Im Herbst 2023 erschien eine leicht überarbeitete Neuausgabe des Aleister Crowley Thoth Tarot ™. Dafür wurden bei allen 78 Karten die Farben mit den Original Gemälden von Frieda Harris verglichen und teilweise angepasst. Zusätzlich entschieden sich die Rechteinhaber für eine Änderung bei einigen Titeln der Karten. Sollten Sie ein älteres Kartendeck haben, würden Sie eventuell einige kleine Unterschiede zwischen Ihren Karten und den Abbildungen im Buch bemerken.

Bibliographische Information der Deutschen Nationalbibliothek
Die Deutsche Nationalbibliothek verzeichnet diese Publikation in der Deutschen Nationalbibliographie; detaillierte bibliographische Daten sind im Internet über http://dnb.d-nb.de abrufbar.

Originalausgabe
2. Auflage 2024

Königsfurt-Urania Verlag GmbH
Ringstr. 32, D-24103 Kiel
www.koenigsfurt-urania.com • info@koenigsfurt-urania.com

Lektorat: Dr. Jennifer Lorenzen-Peth
Satz und Layout: Antje Betken
Druck und Bindung: Finidr s.r.o., Tschechische Republik
Printed in EU

ISBN 978-3-86826-578-1

FSC www.fsc.org
MIX
Papier aus verantwortungsvollen Quellen
FSC® C014138

Inhalt

Die 78 Karten

Die Großen Arkana

Die Kleinen Arkana: Die Zahlenkarten

Die Kleinen Arkana: Die Hofkarten

Einführung

Immer mehr Menschen nutzen die Tarotkarten mit großem Gewinn. Das liegt daran, dass es einen offensichtlichen Zusammenhang zwischen ihren eigenen, inneren Bildern der Seele und den Symbolen der Karten gibt. So sind die Seminare zur Tarot-Ausbildung regelmäßig ausgebucht. Inspiriert durch unsere Erfahrungen in dieser Ausbildung fand sich die Grundstruktur für dieses Buch. So konnten unsere Erfahrungen mit den lebendigen Begegnungen unserer Teilnehmenden mit einfließen.

Um den Menschen ein Werkzeug an die Hand zu geben, was es ihnen erleichtert, tiefer in das Verständnis der Karten einzutauchen, haben wir dieses Buch geschrieben. Ganz bewusst haben wir für alle Einsteiger und Einsteigerinnen einfache Worte gewählt, um die Karten zu beschreiben. Wir spannen in diesem Buch einen Bogen von den Lebensstationen eines Menschen, die in den Großen Arkana abgebildet sind, über die Verwandtschaften zwischen den Karten und den herausragenden Merkmalen einzelner Tarotkarten. Und natürlich wird jede einzelne Karte gründlich besprochen.

Du findest am Beginn einer jeden Karte die **wichtigsten Stichworte**, die dir – wie Überschriften – einen ersten Eindruck verschaffen. Dann werden die **wesentlichen Symbole** besprochen. Wir empfehlen dir, sie gründlich durchzulesen und dich damit zu beschäftigen. Denn so wichtig deine Intuition beim Erforschen der Karten ist, so wichtig ist auch das Verstehen der Sprache der Bilder.

Frieda Harris und Aleister Crowley haben mit den vorliegenden Tarotkarten eine faszinierende Bilderwelt von höchstem, künstlerischem Rang erschaffen. Je mehr du die Sprache dieser

Bilder verstehst, desto tiefer erreichen diese Informationen dein Bewusstsein, das wiederum die Qualität deines Lebens bestimmt. Je nach Kartentyp gibt es mehr oder weniger Symbole, auf die wir eingegangen sind. Ganz bewusst haben wir die kabbalistischen Symbole außer Acht gelassen, weil diese Wissen voraussetzen, das den Rahmen dieses Buches sprengen würde. Auch die astrologischen Symbole haben wir nur gestreift. Für den Gebrauch der Karten sind diese Zeichen nicht erforderlich.

Schließlich folgt der Abschnitt **Vertiefung**. Hier gehen wir gemeinsam in die Tiefe. Wir lassen an dieser Stelle unsere Sicht vom und unsere Erfahrung über das Leben einfließen. Fühle beim Lesen, ob etwas in dir mit unserer Sichtweise gleichschwingt, ob es sich gut anfühlt und ob du etwas damit anfangen kannst. Je mehr unsere Ausführungen mit deinen eigenen Erfahrungen übereinstimmen, desto wertvoller ist es für dich. Wenn keine Resonanz in dir da ist, dann schaue auf deine alltäglichen Erfahrungen und öffne dich für dein ganz eigenes Verständnis.

Geführte Meditation

Es ist wertvoll, mit einem vertieften Kontakt mit dem eigenen Inneren zu beginnen, wenn du deine Tarotreise startest. Dieser ist grundlegend wichtig im Umgang mit dem Werkzeug Tarot. Denn alle Antworten und Botschaften, die für unser Leben bedeutungsvoll sind, kommen nicht von den Tarotkarten selbst, sondern von unserer Inneren Weisheit und Führung, auf die wir uns ausrichten, wenn wir die Karten zur Hand nehmen.

Dieser Selbstkontakt verbindet dich mit deinem Atem und Körper. Ist er da, dann entfaltet sich unsere Selbstbegegnung leicht, freudvoll, mühelos und tief. Fehlt dieser Selbstkontakt oder ist er nur unzureichend vorhanden, wird die innere Arbeit mühsam. Denn Gedanken allein vermögen nicht zu lösen, was an Fragen, Problemen, Herausforderungen in dir vorhanden sind. Für eine wirkliche Lösung müssen wir eine andere Ebene betreten. Und der Einstieg in diese Ebene ist immer aufs Neue der tiefe und sichere Selbstkontakt. Dafür ist es sehr hilfreich, mit Atem und Körper im Jetzt präsent zu sein.

Die Beschäftigung mit Tarot kann dazu verleiten, in den Kopf zu gehen oder in Gedanken abzuschweifen. Das entfernt dich jedoch von dir selbst, anstatt dich dir näherzubringen. Wir benutzen dieses Werkzeug, um uns besser kennenzulernen, wahrzunehmen und zu verstehen. Tarot ist eine großartige Gelegenheit, dir selbst zu begegnen und dich tiefer auf dich selbst einzulassen.

Meditation

- Richte deine Aufmerksamkeit zunächst einmal nach innen. Verbinde dich mit dir selbst. Erlaube dir, deinen Atem zu spüren. Es atmet dich! Die Eine Kraft des Lebens lenkt deinen Atem und will, dass du lebendig bist. Dein Ausatmen hat die Qualität des Loslassens. Du kannst jetzt ausatmend loslassen, was dich eben noch beschäftigt hat. Wenn du Stress oder Anspannung in dir wahrnimmst, kannst du all das jetzt ausatmend loslassen, mitsamt aller möglichen Erwartungen oder Ängste.

- Indem du loslässt, entsteht Raum. Dieser Raum in dir will sich füllen mit dem gegenwärtigen Moment. Wenn du einatmest, atme die Frische dieses gegenwärtigen Moments ein. Öffne dich den vielen wundervollen Qualitäten, die du verkörperst, und lasse sie in dir präsent sein. Schenke ihnen Raum in dir. Lasse weiter los, was nicht mehr zu dir oder zu diesem Augenblick gehört. Du bist willkommen, die Reinheit dieses Moments ganz frisch, ganz neu zu genießen. So kannst du in dir immer wieder Neuland betreten.

- Der Kontakt mit deinem Atem bringt dich augenblicklich ins Jetzt. Bist du mit deinem Atem verbunden, dann bist du auch hier und jetzt anwesend. Wenn Gedanken auftauchen, sind diese willkommen. Betrachte sie wie Vögel, die am offenen Himmel vorüberfliegen. Sie kommen und gehen und dürfen weiterziehen. Dein Atem ist der Anker für die Wirklichkeit des Jetzt.

- Die Bewegung des Atems findet immer im Körper statt. Wenn du bereit bist, in diese Wirklichkeit noch tiefer einzutauchen, erlaube dir, deinen Körper von innen her zu spüren. Über die Bewegung deines Atems findest du Zugang zu deiner Körperwahrnehmung, zu deiner Körperpräsenz.

- Spüre deinen ganzen Körper von innen her, von den Fußsohlen bis zum Scheitel. Was immer du dann vorfindest, darf einfach so da sein, wie du es erlebst. Jede Empfindung, die du jetzt in deinem Körper vorfindest, bekommt einfach Raum. Manchmal ist eine Körperempfindung angenehm, manchmal unangenehm. Hier lernen wir, die Wirklichkeit des erlebten Moments ohne Urteil oder Wertung bedingungsfrei anzunehmen. Das, was jetzt gerade da ist, wird ganz einfach angenommen, aus Liebe zur Wahrheit, aus Liebe zu dir selbst.

Während du dich in dieses Buch vertiefst, kannst du dir versprechen, ganz bei dir zu bleiben und deiner inneren Wahrheit immer wieder treu zu sein. Lasse die Wertschätzung und die Liebe für dich selbst weiterwachsen. Genau das wird dich zu einer guten Beraterin, zu einem guten Berater machen. So kannst du die Menschen, die vielleicht in naher Zukunft zu dir kommen, optimal mit deiner Empathie, deinem Wissen, deinen Erkenntnissen und deiner Liebe begleiten. Zudem verstärkt sich der Kontakt zu deiner Inneren Führung, was die Aussagekraft der gezogenen Karten erhöht.

Mit dieser Ausrichtung beginnen wir die Arbeit mit den Tarotkarten. Wenn du dich jetzt auf deine Weise der äußeren Welt wieder zuwendest, bleibe in einem guten Innenkontakt. Nimm deine Umgebung wieder ganz bewusst wahr und halte gleichzeitig einen Teil deiner Aufmerksamkeit in deinem Inneren verankert. Wenn dein Körper sich jetzt etwas wünscht, ein Strecken, ein Dehnen, eine Berührung, was auch immer, dann schenke es ihm.

Dein Einstieg in den Kurs

Wir empfehlen dir, zum Einstieg in diesen Kurs zu den Crowley-Tarotkarten eine persönliche „Eintrittskarte" zu ziehen. Dazu mische die Karten und breite sie in einem Fächer mit der Rückseite nach oben vor dir aus. Jetzt bist du bereit, auf deine Weise, die Karte zu finden. Manche Menschen sind visuell. Sie finden die jeweilige Karte mit den Augen. Andere sind fühlend. Sie spüren die Energie, indem sie mit der Hand über die Karten gehen und fühlen. Jede Art, die dir liegt, mit den Karten in Resonanz zu gehen, wird auch für dich funktionieren. Keine Methode ist besser als eine andere.

Wenn du deine „Eintrittskarte" ziehst, dann bleibe in Kontakt mit Atem und Körper und öffne dich für diesen Moment. Du kannst sie als Hinweis deiner Inneren Weisheit sehen, die dir ein Thema oder ein Potenzial zeigt, mit dem du diesen Kurs beginnst. Die „Eintrittskarte" zeigt dir also die Qualität deines Einstiegs in die Arbeit mit den Tarotkarten oder ein aktuelles, menschliches Thema, das dich begleiten oder beschäftigen wird.

Wenn du die Karte gezogen hast, spüre sie zuerst einmal verdeckt. Vielleicht magst du sie auf dein Herz legen und fühlen. Kannst du eine bestimmte Energieausstrahlung wahrnehmen? Fühle nach innen. Was findest du jetzt in dir vor? Was vermutest du, was diese Karte dir zeigen könnte?

Nach einer Weile betrachte das Bild und lasse es auf dich wirken. Es wird dich entweder überraschen oder deine Empfindungen bestätigen. Wenn es dich bestätigt, dann war dir schon weitgehend bewusst, mit welcher Grundenergie du einsteigst. Wenn es dich überrascht, dann zeigt es dir etwas, was dir gegenwärtig noch nicht bewusst ist. Wir empfehlen dir, den Impuls dieser Karte zu nutzen, um einen vertieften Kontakt zu dir aufrechtzuerhalten.

Warum funktioniert Tarot?

Wir stellen eine Frage an den Anfang, die unbedingt zu diesem Kurs gehört: Warum funktioniert Tarot? Wie ist es möglich, dass wir uns mit einem Thema auseinandersetzen und dann eine Karte ziehen, die das symbolisiert, womit wir uns innerlich beschäftigen? Warum können wir uns darauf verlassen, dass die gezogene Karte tatsächlich ein Hinweis der Inneren Weisheit ist?
Ein zeitloses geistiges Gesetz, das für alles Leben in diesem Universum gültig ist, besagt:

Wie oben so unten, wie innen so außen,
wie im Kleinen so im Großen. Gleiches zieht Gleiches an.

Auf uns und die Tarotkarten bezogen heißt das: Das Bild jeder Karte hat eine Kraft, eine Ausstrahlung, eine Bedeutung. Wenn wir diese mit uns in Verbindung bringen, z. B. mit einem Bereich unseres Lebens, der uns gerade sehr beschäftigt, so spiegeln der Inhalt und die Qualität eines Tarotbildes exakt den Zustand dieses Lebensthemas.

Wir könnten auch sagen, es funktioniert nach dem **Resonanzprinzip**. Wenn du dich in dem Raum umschaust, in dem du dich gerade befindest, dann siehst du Gegenstände wie Bilder, einen Stuhl, einen Tisch, vielleicht andere Menschen, den Raum selbst. Alles hat eine bestimmte, eigene Ausstrahlung. Jeder Mensch, jedes Tier, jeder Gegenstand, ja sogar jeder Gedanke und jedes Gefühl hat eine Energie und eine Frequenz. Alles, womit du dich beschäftigst, hat eine einzigartige Schwingung aufgrund seiner Energie. Die Innenwelt strahlt ebenso aus wie die äußere. Genauso hat jede Karte eine ganz eigene Schwingung. Wenn du dich mit einem bestimmten Thema beschäftigst und dafür eine Karte ziehst, dann entspricht deren Aussage genau der Qualität deines Lebensthemas.

Nehmen wir einmal an, du seist frisch verliebt, weißt aber noch nicht sicher, ob dein Wunsch nach Kontakt und Nähe auf Gegenseitigkeit beruht. Natürlich brennst du darauf, darüber etwas mehr zu erfahren. Du nimmst also die Tarotkarten zur Hand, gehst in den Selbstkontakt, stimmst dich ein und ziehst eine Karte mit der Frage nach der gegenwärtigen Realität eurer Verbindung. Kommen nun z. B. *Die Liebenden*, das *Ass der Stäbe* oder die *Zwei Kelche* zum Vorschein, wirst du dich sicher sehr freuen, denn alle diese Karten zeigen ein wundervolles Potenzial für eure Begegnung. Erscheinen hingegen die *Sieben Schwerter, Der Gehängte* oder die *Acht Kelche*, bekommst du einen ernst zu nehmenden Hinweis auf vorhandene Blockaden. Dennoch – und das ist sehr wichtig und vielleicht nicht so leicht zu begreifen – legt keine dieser Antworten den Verlauf eurer Beziehung fest!

Bleiben wir beim Beispiel und nehmen einmal an, jemand hätte *Die Liebenden* für die Begegnung mit seiner neuen Flamme gezogen. Er freut sich zwar, aber gleichzeitig zieht sich etwas in der Magengegend zusammen. Eine Angst vor zu viel Nähe, ein altes Gefühl von Wertlosigkeit macht sich breit. Er zieht sich zurück und vermeidet vorläufig weitere Kontakte. Das vorhandene Liebespotenzial wird durch alte, vielleicht sogar unbewusste Ängste überlagert.

Ein anderer Verliebter zieht nun *Den Gehängten* und erkennt, dass es in ihm eine Tendenz gibt, den Kontakt mit dem geliebten

Menschen zu sehr kontrollieren zu wollen. Er lässt innerlich tief los, öffnet sich für den Willen des Ganzen für sein Leben und übt Geduld und Vertrauen. Durch diesen Bewusstseinsschritt wird der Weg frei für eine Liebesbegegnung, so wie es der Bestimmung beider entspricht.

Diese Beispiele machen deutlich, dass es neben der Aussage einer Tarotkarte und der äußeren Lebensrealität eine dritte, alles entscheidende Ebene gibt, nämlich **dein Bewusstsein!** Wir haben es also mit drei wichtigen Faktoren zu tun:

„Wie im Kleinen so im Großen" bedeutet in unserem Zusammenhang: Die kleine Tarotkarte spiegelt exakt die momentane Realität im jeweiligen Lebensbereich.

„Wie innen so außen" heißt, dein Bewusstsein, deine Gedanken, Gefühle und Überzeugungen bringen ständig die entsprechenden Erfahrungen in deinem Leben hervor. Indem die Tarotkarte deinem Bewusstsein eine wichtige Information zukommen lässt, unterstützt sie deine Bewusstwerdung und hilft dir damit, dein Leben glücklicher zu gestalten.

„Wie oben so unten" deutet auf eine Realität deines Lebens jenseits deiner Kontrolle, jenseits allen Wollens, Denkens und Handelns. **Oben** heißt so viel wie der **Ursprung aller Dinge**, die alles durchdringende **Eine Kraft**, die **Göttliche Fügung**, die **Bestimmung unseres Lebens** oder ganz einfach **Gott**. Es ist gleichgültig, welche Worte wir dafür benutzen, denn kein Wort ist in der Lage, das Unsagbare zu beschreiben.

Eigentlich sollte es gerade für den gesunden Menschenverstand sehr einfach einzusehen sein, dass das meiste in diesem Universum von ihm nur unzureichend oder gar nicht erfasst werden kann. Wem das noch nicht aufgefallen ist, hat wohl noch nie etwas tiefer nachgedacht und gefühlt.

Dein Bewusstsein, das beteiligt ist an der Gestaltung deiner Lebensrealität, entfaltet erst in dem Maße seine vollen Potenziale, als es lernt, Informationen sowohl aus der sichtbaren äußeren als auch aus der unsichtbaren inneren Welt aufzunehmen und in Verbindung zu setzen. Jedes Mal, wenn du die Tarotkarten und dieses Buch verwendest, wird diese Fähigkeit (die wir auch Intuition nennen können) ganz nebenbei und spielerisch entwickelt. Die Antennen deiner Wahrnehmung werden sich erweitern und du wirst dein Leben aus immer neuen Blickwinkeln betrachten lernen.

Tarot funktioniert, weil die Botschaften der Bilder auf dein Bewusstsein einwirken. Dieses nimmt maßgeblich Einfluss auf deine Lebensrealität. Dazu ist es wichtig und hilfreich, einen größeren Willen zu erkennen und dich in Einklang mit ihm zu begeben. Dieses dynamische Zusammenspiel enthält das Geheimnis eines glücklichen, erfolgreichen und erfüllten Lebens. Dein Interesse an Tarot ist eigentlich dein Interesse an deinem Lebensglück!

Die drei Ebenen des Tarot-Kurses

Um Tarot erfolgreich für dich selbst und für andere zu praktizieren, ist es wertvoll, folgende drei Ebenen zu berücksichtigen.

Die erste und wichtigste Ebene ist deine Bereitschaft, dir selbst zu begegnen, um dich näher kennenzulernen. Grundsätzlich betrachten wir Tarot als ein Werkzeug, mit unserer Inneren Weisheit und Führung in Verbindung zu treten. Dazu gehört die Bereitschaft, unsere menschlichen Angelegenheiten aus „höherer Warte“ zu betrachten. Ebenso können wir andere Menschen nur insoweit begleiten, wie wir unsere eigenen Themen erkannt, geklärt und befreit haben.

Du bist also eingeladen, deine Lebensthemen und -fragen anzuschauen, sie zu fühlen und dich einer neuen Klarheit zu öffnen. Vielleicht gibt es etwas, das dich derzeit in deinem Alltag und Leben beschäftigt. Es kann aber auch etwas sein, das ganz überraschend in dir auftaucht, während du dich den Botschaften der Tarotkarten öffnest. Denn dieses Buch ist auch energetisch verbunden mit dem Energiefeld von Liebe und Ausrichtung, aus dem heraus es entstanden ist. So kann überraschend ein Thema in dir auftauchen, wenn etwas in deinem Inneren für Klärung und Befreiung bereit ist.

In unseren Präsenz-Seminaren öffnen wir uns an den Vormittagen den Themen, die die Teilnehmenden mitbringen. Das gibt den Anwesenden die Möglichkeit, die Arbeit mit den Tarotkarten ganz praktisch kennenzulernen. Sofern dich dieser Aspekt der Ausbildung interessiert, ist es möglich, dies in jedem Seminar von Gerd Bodhi Ziegler zu erleben.

Die zweite Ebene ist das Kennenlernen der Tarotkarten. Im Laufe dieses Kurses wird jede einzelne Karte des Tarot angeschaut, behandelt und in ihrem Kontext besprochen. Wir werden mit dem Tarot-Mandala (siehe Seite 22) beginnen, bei dem wir das System des Tarot in seiner Grundstruktur sehen können. Jede Karte hat ihren ganz speziellen Platz. Du kannst dich von unseren vorgeschlagenen Bedeutungen inspirieren lassen. Darüber hinaus fühle dich frei, in jeder konkreten Situation deine eigene, intuitive Bedeutung zu finden.

Die dritte Ebene besteht in unseren Präsenz-Seminaren darin, an den Nachmittagen mit Partner*innen oder in Kleingruppen die vorgestellten Karten näher kennenzulernen und in der Praxis zu erproben. Wir üben dann mit den jeweils besprochenen Karten. Die Teilnehmenden bekommen Raum, zu experimentieren. Auf diese Weise lernen sie, sich gegenseitig zu begleiten, indem sie sich beraten und eigene Themen erforschen. An jedem Tag gibt es also die Möglichkeit, die Karten in einer Beratung einzusetzen, zu praktizieren und zu üben.

Es wäre sinnvoll, dir nahestehende Menschen oder Freunde zu finden, mit denen du die Anleitungen in diesem Buch ganz konkret anwenden kannst. Dadurch wirst du das hier Vorgestellte ganz praktisch für dich erproben können und dich gleichzeitig in der Begleitung eines anderen Menschen üben.

Einstimmung auf die Arbeit mit den Tarotkarten

In unseren Präsenz-Seminaren der Tarot-Ausbildung werden die Karten jeden Morgen neu gemischt. Ein neuer Tag – eine neue Situation. Die Karten werden gemischt und dabei lassen wir uns überraschen, welches Tarotbild unten erscheint. Dieses zeigt etwas von der Qualität des gegenwärtigen Augenblicks. Manchmal zeigt es auch Themen, die bei den Teilnehmenden aktuell sein werden.

Auch wenn wir Einzelsitzungen geben, fangen wir die Sitzung auf diese Weise an. Dabei verbinden wir uns mit unserer gemeinsamen Inneren Weisheit und Führung. Mit dieser inneren Ausrichtung betrachten wir die erscheinenden Tarotkarten. Dabei fragen wir innerlich nach den aktuellen Themen der oder des Ratsuchenden.

Als Leser*in dieses Buches empfehlen wir dir auch dieses kleine Ritual. Wenn du bereit bist, nimm die Tarotkarten so in deine Hände, dass du erst einmal nur auf die Rückseite schaust. Dann beginne zu mischen. Mische so lange, bis sich ein innerer Impuls einstellt, den Kartenstapel umzudrehen. Dann betrachte das Bild der jetzt unten liegenden Karte und lasse es auf dich wirken.

Dies ist die erste Botschaft deiner Inneren Weisheit und Führung für diesen Tag bzw. für deine jetzige Beschäftigung mit Tarot. Öffne dich auf diese Weise auch für eine zweite und dritte Botschaft. So kannst du immer beginnen, wenn du die Karten zur Hand nimmst, um dir selbst zu begegnen oder andere zu begleiten. Wenn du mit der Bedeutung der Karten wenig vertraut bist, kannst du auch weiter hinten im Buch nachschauen, um dir einige Inspirationen zu holen.

Struktur der Tarotkarten und einige Hinweise

Das Tarot-Mandala (siehe Seite 22) zeigt sehr schön die innere Struktur des Tarot. Wir sehen den Kreis der Großen Arkana und ganz im Zentrum eine Karte – *Der Narr*. Oben und unten, links und rechts sehen wir vier Flügel, von denen jeder einem Element zugeordnet ist. Jeder Flügel enthält vier Hofkarten und zehn Zahlenkarten.

Auf der unteren Seite liegt das Erdelement, repräsentiert durch die Scheiben. Dem gegenüber liegt oben das Luftelement, symbolisiert durch die Schwerter. Erde und Luft sind Gegenpole, ebenso wie die gegenüberliegenden Flügel von Wasser und Feuer. Das Wasser wird durch die Kelche, das Feuer durch die Stäbe repräsentiert.

Die Anordnung des Tarot-Mandalas gibt dir einen wundervollen Eindruck von der inneren Struktur des Tarot. Diese ist die Grundstruktur jedes klassischen Tarot. Während das *Tarot von A.E. Waite & P. Colman Smith* eher zeitgenössische Symbole verwendet, haben Aleister Crowley und Frieda Harris sehr viele Symbole aus den alten Mysterienschulen integriert. Wir finden die heilige Geometrie, altägyptische Symbole, Symbole aus dem alten Tibet und der Kabbala. Sowohl Astrologie als auch Numerologie spielen im Tarot eine wichtige Rolle.

Frieda Harris ist die Künstlerin, die diese Karten gestaltet und gemalt hat. Sie vertiefte sich mehrere Jahre lang hingebungsvoll, um sie zu erschaffen. Und sowohl sie als auch Aleister Crowley müssen ein sehr tiefes Wissen von diesen alten Symbolkräften gehabt haben. Dies gibt ihrem Tarot eine besondere Kraft und Ausstrahlung.

Nimm dir einige Atemzüge lang Zeit, dieses Mandala auf dich wirken zu lassen. Verbinde dich bewusst mit Atem und

Körper. Vielleicht kannst du diese besondere Kraft spüren und eine Weile in dir vertiefen.

Durch die langjährige Arbeit mit den Tarotkarten haben sich zudem drei Merkmale herauskristallisiert, auf die wir hier besonders hinweisen wollen. Manche Karten im Tarotdeck haben eine **ähnliche Energie**, die jedoch auf einer unterschiedlich hohen Ebene schwingt. Wir nennen diese Ebenen **„Oktaven"**. So weist zum Beispiel die Karte *Vier Stäbe – Vollendung* auf den Abschluss eines Zyklus hin. Dieselbe Energie finden wir auch in der Karte *XXI Das Universum*. Hier ist der Abschluss jedoch viel umfassender, ausgeprägter und vollkommener. Deshalb kann man die *Vier Stäbe – Vollendung* als die untere Oktave und die Karte *XXI Das Universum* als die höhere Oktave bezeichnen.

Andere Karten weisen dieselben oder **ähnliche Elemente** auf, die jedoch im Kontext der Karte eine andere Aussage hat. Diese Verbindung zwischen den Karten nennen wir **„Verwandtschaft"**. Beispielsweise besteht eine solche Verwandtschaft zwischen den Karten *IV Der Kaiser* und *XII Der Gehängte*. Beide haben die gleiche Beinhaltung in Form einer 4. Bei *Der Kaiser* sind die Beine als stehende 4 abgebildet, beim *Der Gehängte* ist sie umgedreht und steht auf dem Kopf.

Und schließlich enthält das Tarotdeck Karten, die ein **spezielles Thema** sehr fokussiert ausdrücken. Das sind für uns **„DIE-Karten"**. Eine solche Karte ist zum Beispiel die Karte *XVI Der Turm*. Sie ist **DIE Karte der Transformation**.

Um den Lesefluss zu erleichtern, haben wir darauf verzichtet, bei den jeweiligen Karten diese Hinweise zu wiederholen. Stattdessen haben wir im Anhang eine Übersicht beigefügt.

Im Verlauf dieses Buches stellen wir als Erstes die Großen Arkana vor. Dann gehen wir auf die zehn Zahlenkarten des jeweiligen Elementes ein. Zum Schluss folgen die Hofkarten.

Ein Hinweis zu den Übungen

Du kannst alle Übungen in diesem Kursus-Buch auch mit einem Partner oder einer Partnerin durchführen. Anstatt dir deine Gedanken und Gefühle aufzuschreiben, sprichst du mit deinem Gegenüber darüber. Er oder sie kann sich dann Notizen von deinen Ausführungen machen.

Wahrscheinlich ist es sinnvoll, dass du zuerst begleitest, vor allem dann, wenn deine mögliche Partnerin oder Partner noch wenig Erfahrung hat. Am Ende der Übung können die Rollen so gewechselt werden, wie es für euch stimmig ist.

Um Missverständnissen vorzubeugen, hier ein zusätzlicher Hinweis: Im Hinblick auf die Gender-Debatte weisen wir darauf hin, dass im Tarot ausschließlich Archetypen beschrieben werden. Manche Karten stellen männliche Qualitäten dar, andere weibliche. Dies hat nichts damit zu tun, wie sich ein Mensch fühlen kann.

Tarotkarten sind ein Werkzeug, um sich selbst zu begegnen, um nach innen zu gehen und Antworten von der Inneren Weisheit und Führung zu bekommen. Dazu braucht es Karten, die unterschiedliche Qualitäten darstellen. Wenn wir beispielsweise bei der Karte *XVI Der Turm* schreiben, den Schmerz zu akzeptieren, dann geht es vor allem darum, innerlich nicht gegen etwas anzukämpfen, das sich vielleicht für dich in dem Moment im Außen nicht ändern lässt. Die Qualität dieser Karte fordert dich auf, Veränderungen geschehen zu lassen, auch wenn sie schmerzhafte Einschnitte in deinem Leben bedeuten.

Tarot-Mandala

nach Hans-Peter Kindler

Die Großen Arkana

0 Der Narr

Stichworte

Möglichkeit eines Quantensprungs in eine größere Freiheit
Sprung auf eine neue Ebene des Bewusstseins
mutige Schritte ins Unbekannte wagen Angst überwinden
offen, leicht und befreit viele Möglichkeiten kompromisslos
dem Herzen folgen der inneren Wahrheit gehorchen
Vertrauen Mut Freiheit Kreativität Furchtlosigkeit
unkonventionell sein Leichtigkeit Einzigartigkeit
Unabhängigkeit Narrenfreiheit
„Tue es einfach!"

Die wichtigsten Symbole

Dem **Luftelement** zugeordnet (ohne weitere astrologische Zuordnung).

Der Narr wird durch den **Frühlingsgott Dionysos** dargestellt. Die Farbe **Grün** zeigt die kreative Kraft des Frühlings. Auch das

grüne Krokodil (ägyptischer Gott der Kreativität) verkörpert die Schöpferkraft.

Die **Hörner** des Dionysos stehen für erweiterte Wahrnehmung. Die wird auch durch den von oben kommenden und in seinen Kopf einströmenden Lichtstrahl verstärkt. Der **kreisförmige Regenbogen** um seinen Kopf deutet auf ein Bewusstsein der Einheit und All-Verbundenheit. Die **Sonne** auf seinem Schoß zeigt das Annehmen der sexuellen Kraft. Die dadurch freiwerdende Kreativität strahlt lichtvoll aus den Menschen, die das Leben lieben und feiern.

In seinen erhobenen Händen hält der *Narr* einen **Kelch** und eine **Flamme:** die Vereinigung der Gegensätze von Wasser und Feuer, weiblich und männlich, Liebe und Kraft. Die lange **Nabelschnur** – Verbindung zur kosmischen Einheit – umgibt den *Narren* in vier Schlaufen. Diese weisen – von innen nach außen – auf folgende Themen hin:

Die erste Schlaufe windet sich in Herzform ums Herz. Sie demonstriert die Macht der Liebe. Ein Mensch, der mutig dem Ruf seines Herzens folgt, ist unwiderstehlich.

Die zweite Schlaufe trägt die Taube, den Schmetterling und den Schlangenstab. Die **Taube** verkörpert den kosmischen Geist, der jeden Vorgang von Kreativität und Erneuerung auslöst. Der **Schmetterling** zeigt die Verwandlung in eine neue, befreite Identität (von der Raupe zum Schmetterling). Die beiden ineinander gewundenen **Schlangen** stehen für Regeneration und Heilung, die in der **geflügelten Sonne** vollendet zum Ausdruck kommt.

Die **dritte Schlaufe** umfasst die Themen von Liebe, Vereinigung und neuem Leben. Sie trägt die beiden **nackten Körper**, die **wie Kinder** beieinander liegen. Diese zeigen die Natürlichkeit und Unschuld des Narren. Die **Mondsichel** – direkt unterhalb der Schlaufe mit den Liebenden – korrespondiert mit der Sonne (im Schoß). Das Weibliche (Mond) nimmt das Männliche

(Sonne) in sich auf. Das **Blütengebilde** zwischen den Beinen symbolisiert die Entstehung von etwas Neuem. Unten verbindet sich das Aktive (drei Blüten: Körper, Gefühl und Verstand) mit dem Passiven und Empfänglichen (einzelne, offene Blüte) und entfaltet sich oben in den vielen Blütenblättern.

Die **vierte Schlaufe** betont das Krokodil und den Tiger. Das **Krokodil** drängt zur Entfaltung der eigenen kreativen Kräfte. Der **Tiger** ist ein Symbol für Angst (vgl. *Prinzessin der Stäbe*). Ein Mensch, der mutig dem Ruf seines Herzens folgt, wird immer wieder vom Tiger der Angst gebissen. Doch er schenkt der Angst keine Bedeutung, sodass sie ihre Macht verliert. Der Blick bleibt klar nach vorne gerichtet und ein Sprung in eine neue Freiheit wird möglich.

Die **Trauben** und **Münzen** mit den astrologischen Symbolen zeigen die Fruchtbarkeit und den überfließenden Reichtum, der sich auf allen Ebenen einstellt, wenn man dem Leben und der inneren Weisheit vertraut und die kreativen Potenziale entfaltet.

Vertiefung

Der Narr ist die Karte des Quantensprungs auf eine neue Ebene von Bewusstsein. Dieser Zwischenraum ist vergleichbar mit den „Großen Ferien" in der Schule. Man hat eine Klasse erfolgreich abgeschlossen und wird nach dieser Zwischenzeit in eine höhere eintreten.

Nachdem sich der Kreis der 21 Karten vollendet hat, beginnt ein neuer Erfahrungszyklus. Die 21 Erfahrungsräume werden dann auf einer neuen Ebene mit neuem Bewusstsein und Verständnis erneut beschritten. An dieser Nahtstelle betreten wir zunächst einen Zwischenraum, den der *Narr* repräsentiert. Das bedeutet einen Zustand des Ausruhens und des Freiseins von den üblichen Anforderungen des Lebens.

Der Narr zeigt dir die Möglichkeit innerer Freiheit, die sogar noch über die sprichwörtliche „Narrenfreiheit" hinausgeht. Denn wahre innere Freiheit ist auch höchstes Bewusstsein: ein anderer Ausdruck für „Erleuchtung" oder die „letztendliche Befreiung". Die Freiheit dieser Tarotkarte reicht bis zur Stufe des Erwachens zu sich selbst, des befreiten Bewusstseins.

Das ist nichts Abgehobenes oder Unerreichbares, denn jeder Mensch hat in seinem Leben mehrmals klare und unbegrenzte Einblicke in eine allumfassende Wirklichkeit, die sein Denken und Handeln, ja sein ganzes Leben verändern können. Man kann solche Momente auch als *Seinserfahrungen* bezeichnen. Sie blitzen unerwartet auf, wenn dich etwas so tief berührt oder erschüttert, dass deine Gedanken für den Bruchteil einer Sekunde stillstehen und du mit jeder Faser deines Seins in eine andere Wirklichkeit eintauchst. Du fühlst, dass du jetzt etwas ganz Besonderem, etwas Göttlichem begegnet bist.

Manche Menschen erleben es beim Anblick atemberaubender Schönheit, in der Natur, in einer tiefen Liebesbegegnung, während sportlicher oder sonstiger Höchstleistungen, in Meditation oder im Traum. Solche Durchbrüche sind aber auch möglich inmitten von extremem Stress, unerträglichem Schmerz, Chaos und Todesnähe. Sobald der Verstand seine Kontrolle aufgibt, kann das unbegrenzte Bewusstsein dem Unfassbaren, dem Wunderbaren begegnen. Danach ist es schwer, ja beinahe unmöglich, sich ausschließlich mit der Oberfläche der äußeren Welt zufrieden zu geben. Denn die tieferen Dimensionen des Lebens sind so beglückend und erfüllend, dass sie wie ein ständiger Ruf im Herzen fühlbar bleiben.

Immer, wenn wir dieser inneren Stimme Beachtung schenken, folgen wir gleichzeitig auch dem Ruf der wahren Freude und Liebe. Weil unser tiefstes Wesen Glückseligkeit ist, sucht jeder Mensch nach Glück, d. h. nach der Einheit mit seinem wahren Selbst. Doch die wenigsten erkennen diesen

Zusammenhang und suchen es vergeblich (und sogar selbstzerstörerisch) in Drogen, Unterhaltung, stundenlangem Fernsehen, Geld, Macht, ständiger Arbeit, übermäßigem Essen, Trinken oder Sex. Alles, was unfrei macht und zur Sucht wird, ist nichts anderes als ein schaler Ersatz für innere Erfüllung, für ein entspanntes, befreites Ruhen in sich selbst.

Die Tarotkarte *Der Narr* ist Anfang und Ziel zugleich. Sie zeigt dir ein Potenzial, das bereits jetzt schon – vielleicht noch unerkannt – in dir existiert. Alle deine menschlichen Erfahrungen dienen diesem einen Sinn: dir selbst tiefer und tiefer zu begegnen, deine wahre Natur zu erkennen und vollkommen befreit ganz du selbst zu sein. Dafür lohnt sich alles.

Originalbezeichnung im Englischen: *The Fool*

I Der Magus

Stichworte

Vielfältige Kommunikation mit allen Möglichkeiten spielen
Intuition Leichtigkeit Offenheit innere Freiheit
spielerisch das Leben meistern
Spontanität

Die wichtigsten Symbole

Dem **Luftelement** und dem Planeten Merkur zugeordnet.

Der Magus wird dargestellt durch den griechischen Gott Merkur, den geflügelten Botschafter (**Flügel an den Füßen**). Mit großer Geschicklichkeit jongliert er mit den vielfältigen Werkzeugen der Kommunikation:

Münze: Körper, Materie, Geld, Besitz, Reichtum;
Feuer: Energie, Begeisterung, Wille, Tatkraft, Reinigung, Transformation;

Stab: heilende Kraft, Macht, Fähigkeiten, Spiritualität;
Pfeil: Direktheit, Zielgerichtetheit, Ehrlichkeit, Schnelligkeit;
Schriftrolle: Wissen, schriftliche Kommunikation, Publikation;
Geflügeltes Ei: Erneuerung, Kreativität, Intuition;
Kelch mit Schlange: Emotionen, Sexualität, Liebesbeziehungen;
Schwert: Klarheit, Gedankenkräfte, Unterscheidungskraft, Kompromisslosigkeit.

Die **zwei Schlangen** am Kopf des *Magus* sind ein altes Symbol für Heilung und Regeneration. Am Kopf bedeuten sie Weisheit durch Erneuerung des Denkens. Darüber befindet sich das Symbol der **geflügelten Sonne** (klare Wahrnehmung und Erkenntnis) mit der **Taube** (Trägerin des Geistes). *Der Magus* erhält seine Eingebungen durch den universellen Geist. Durch seine Handlungen drückt er den göttlichen Willen auf der Erde aus.

Dies wird auch verdeutlicht durch den **blau-gelben Energiestreifen**, der vertikal durch seinen Körper hindurch geht und unter seinen Füßen wieder erscheint. Der **Affe** symbolisiert die Illusionen des ruhelosen, sprunghaften Denkens. Er ist in die untere Ecke des Bildes gebannt und kann die Handlungen eines vom universellen Geist inspirierten Menschen nicht mehr stören. Das entspannte Lächeln auf dem Gesicht des Jongleurs zeigt die innere Freiheit und Leichtigkeit, mit der er sein Leben spielerisch und humorvoll meistert.

Vertiefung

Sei ein Kanal für die universelle Intelligenz, und du wirst dein Leben freudvoll und spielerisch lächelnd meistern! Das ist die zentrale Botschaft des *Magus*. Zerbrich dir nicht länger den Kopf, lasse alles angestrengte Nachdenken ruhen. Vertraue deinen Gedankenblitzen, die dir als Ideenimpulse eingegeben werden. Erlaube dir, sie spontan auszudrücken, denn Kommunikation ist ein wesentliches Merkmal des *Magus*.

Nimm dich selbst und dein Leben nicht so tierisch ernst. So lange du ehrlich bist und deine Absichten nicht selbstsüchtig sind oder anderen schaden, ist es vollkommen in Ordnung, Spaß zu haben, etwas Verrücktes zu unternehmen oder ganz einfach außergewöhnlich zu sein. Tanze ruhig ein wenig aus der Reihe, doch behandle andere Menschen stets so, wie du in ihrer Situation behandelt werden möchtest.

Wie jeder Mensch hast auch du deine besonderen Gaben, Talente und Fähigkeiten. Das Göttliche will sich durch dich einzigartig in dieser Welt ausdrücken. Es zeigt sich dir als deine Ideen und Wünsche, als das, was dir Freude macht, dich beschwingt und begeistert. Dem in deinem Leben Ausdruck zu geben, ist dein Recht und sogar deine Pflicht! Denn nur so kannst du durch Erfahrungen lernen und weise werden. Weisheit ist kein fremdes, angeeignetes Wissen, sondern erwächst aus deinem Wesen, wenn es sich frei, spontan, liebevoll und kreativ ausdrückt.

So lange du in erster Linie darauf achtest, was andere über dich denken oder wie sie dich beurteilen, ist es fast unmöglich, ganz du selbst zu sein. Du kannst es nicht allen Menschen rechtmachen und du bist auch nicht dazu da, immer nur die Erwartungen anderer zu erfüllen. Es braucht manchmal ein wenig Mut, zu dem zu stehen, was du denkst und empfindest. Erst wenn du den Schritt machst, deinem Herzen, d.h. deiner inneren Wahrheit zu folgen, bist du nicht länger eine Marionette anderer. Dann erst beginnt dein eigenes Leben, und nur das kann dich erfüllen.

Originalbezeichnung im Englischen: *The Magus*
Frühere Bezeichnung: *Der Magier*

II Die Hohepriesterin

Stichworte

Weise, spirituelle Frau offen und empfänglich nach oben geöffnet klar strukturiert nach unten gerichtet verbindet Himmel und Erde verbindet männlich und weiblich auf eine harmonische Weise Intuition heilende Kräfte Weisheit Unabhängigkeit den Himmel auf die Erde bringen

Die wichtigsten Symbole

Dem **Wasserelement** und dem Erdtrabanten **Mond** zugeordnet.

Die Hohepriesterin ist dargestellt als die **Mondgöttin Isis**. Die obere Hälfte ihres Körpers drückt das Weiblich-Empfängliche aus. An ihrem Kopf befinden sich **sieben nach oben geöffnete Mondsicheln**. Die Krone stellt den **Mond** dar, der die **Sonne** in sich aufnimmt. Das Weibliche empfängt das Männliche.

Die **geraden, klaren Linien** im unteren Teil ihres Körpers stellen das männliche Prinzip dar: geradlinig, klar und zielstrebig. Dies wird auch durch **Pfeil und Bogen** auf ihrem Schoß betont. Durch die harmonische Verbindung von weiblichen und männlichen Qualitäten – nach oben hin empfangend, nach unten strukturgebend – kann die *Hohepriesterin* etwas auf der Erde bewirken. Dies zeigen die **Blumen, Früchte und Kristalle** im unteren Teil des Bildes. Auch hier wieder die Verbindung von weiblich (Blumen, Früchte) und männlich (Kristalle). Das **Kamel** steht für Ausdauer und Unabhängigkeit, denn es kann lange Strecken durch die Wüste ohne Wasser zurücklegen.

Vertiefung

Intuition ist eine Fähigkeit, der die meisten Menschen wenig bewusste Aufmerksamkeit schenken. Manche nennen sie auch den „Siebten Sinn" und bezeichnen damit die Gabe, über etwas Bescheid zu wissen, was der logisch denkende Verstand unmöglich schlussfolgern kann. Die Antennen der Intuition sind bei verschiedenen Menschen unterschiedlich ausgeprägt. Jeder hat intuitives Wissen, doch wenige schenken ihm wirklich Beachtung.

Die Hohepriesterin ist für dich ein Hinweis, mit deinen intuitiven Eingebungen in Kontakt zu sein und sie ernst zu nehmen. Als grundsätzliche Regel gilt: Lerne, deine innere Stimme wahrzunehmen und ihr zu vertrauen. Manchmal zeigt sie sich als ein erster, spontaner Impuls, den dein Verstand beiseiteschieben möchte, der sich aber später als richtig herausstellt. Manchmal sind es nur Ahnungen oder vage Empfindungen. Ein anders Mal vernimmst du eine klare innere Stimme, die dich mahnt, etwas nicht zu tun. Vielleicht fordert sie dich auch machtvoll auf, etwas zu unternehmen, dem du vielleicht bislang ausgewichen bist.

Wenn du damit experimentierst, warten erstaunliche Erfahrungen auf dich! Nicht immer wirst du in der Lage sein, alles vollkommen zu erklären. Manchmal machst du wohl auch „Fehler", vor allem dann, wenn Angst oder Eigennutz die Reinheit deiner

Absichten trüben. Lerne aus solchen Erfahrungen! Auf jeden Fall wird dein Leben interessanter und lebendiger, wenn du deine Antennen öffnest für die Welt des Lichts und die inneren Dimensionen des Lebens.

Die Hohepriesterin ist ein klarer Hinweis darauf, dass die Beachtung deiner intuitiven Fähigkeiten und Kräfte gegenwärtig möglich oder sogar wichtig ist. Das befreit dich von übermäßiger Beeinflussung durch andere Menschen und gibt dir Vertrauen in das, was du selbst spürst und wahrnimmst. Sind deine Absichten rein und von aufrichtiger Liebe erfüllt, so kannst du deiner inneren Stimme gehorchen und deinen spontanen Impulsen folgen.

Übernimm volle Verantwortung für alle deine Erfahrungen. Bleibe offen und empfänglich für die Eingebungen der universellen Intelligenz. Sei gleichzeitig klar, geradlinig und aktiv im Umgang mit Menschen und der konkreten Welt. Auf diese Weise entwickelst du eine innige Verbundenheit mit den verborgenen Seiten der Realität und erkennst in den vielfältigen Erscheinungen des Lebens den Ausdruck einer Schöpferkraft, die allem Sein zugrunde liegt. Dein Leben erhält dadurch eine Tiefendimension, die dich auf ganz neue Weise erfüllt und dir Selbstbewusstsein und Klarheit schenkt.

Die Monde oben an der Karte sind ein Symbol für die Empfänglichkeit. *Die Hohepriesterin* ist in Kontakt mit sich selbst und ihren Gefühlen. Sie empfängt von oben und all das verleiht ihr die Qualität von Intuition. Intuition ist eine höhere Oktave des Fühlens. Man sagt auch „Intuitives Fühlen“ und „Intuitives Spüren“. Das ist dann der Fall, wenn das Fühlen einen geistigen Impuls bekommt und im Einklang mit dem Großen Ganzen ist. Fließt die Intuition dann auf eine harmonische Art und Weise in eine männlich-strukturierte Form, wird also das Weibliche und Männliche harmonisch zusammengebracht, trägt das reiche Früchte in dieser materiellen Welt.

Originalbezeichnung im Englischen: *The High Priestess*

III Die Kaiserin

Stichworte

DIE archetypische irdische Frau und das weibliche Prinzip in seiner schönsten, kraftvollsten, weiblichsten und weisesten Ausprägung

kraftvoll-schöne Frau Weisheit
weibliche Kraft und Ausstrahlung nährende Liebesfülle
Schönheit Herzlichkeit Harmonie weibliche Zyklen
Einladung, das Frau-Sein und alle Venus-Qualitäten zu genießen nährende Fülle Liebe

Die wichtigsten Symbole

Dem **Erdelement** und dem Planeten **Venus** zugeordnet.

Die Kaiserin verkörpert das Weibliche. Ihre Gestalt und Umgebung strahlen Schönheit und Vollkommenheit aus. Die **Farben Weiß** und **Rosa** stehen für gebende und empfangende Liebe, **Grün** bedeutet Kreativität und Fruchtbarkeit und **Blau** Weisheit und Spiritualität. Mit ihrer rechten Hand umfasst sie den **phallusartigen Stiel des Lotus**, der seine **Blütenblätter** vor ihrem Herzzentrum entfaltet. Die linke Hand ist empfangend geöffnet. Die Kreativität der männlichen Zeugungskraft verbindet sich in ihr mit weiblicher Hingabe.

Der **rosa-weiße Pelikan mit seinen Jungen** ist Sinnbild für bedingungsfreie Mutterliebe. Der **doppelköpfige Adler** auf dem Wappenschild zeigt die innere Freiheit, die in wahrer Liebe und Hingabe enthalten ist. Der **Schild** selbst deutet auf die Macht, die sie in ihrer weiblichen Art in Besitz genommen hat.

Auf der linken Seite sieht man den **abnehmenden**, auf der rechten den **zunehmenden Mond**, Hinweis auf den weiblichen Zyklus, der mit dem Wechsel des Mondes verbunden ist. Der **Globus mit dem Malteserkreuz** in ihrer Krone zeigt die Vereinigung von materiellen und geistigen Qualitäten. Das Gesicht der Kaiserin ist der **Taube** zugewandt, welche die Zukunft repräsentiert. In ihrer Weisheit hat sie sich vom **Sperling**, der Vergangenheit, abgewandt.

Die Kaiserin schaut nach rechts zur Karte *Der Kaiser,* wenn man die Karten in der Reihenfolge von links nach rechts auslegt. Sie ist also auch eine Beziehungskarte und ergänzt sich sehr schön mit dem *Kaiser.*

Vertiefung

Die Ausstrahlung der *Kaiserin* ist von Schönheit geprägt, gepaart mit Weisheit, Mütterlichkeit und Fülle sowie von Harmonie und Herzlichkeit. *Die Hohepriesterin* war die spirituelle Frau, jetzt kommt die irdische Frau. Sie verkörpert die schönsten und liebevollsten Qualitäten einer Frau. Auch du bist jetzt im Begriff, dich diesen Aspekten des Lebens zu öffnen, sie in dir zu entwickeln bzw. dich auf sie einzulassen.

Sicherlich hängt dein Verhältnis zu diesen ursprünglichen und kraftvollen Seiten des Weiblichen von verschiedenen persönlichen Erfahrungen und Eigenschaften ab. Vor allem zwei Aspekte sind dabei von Bedeutung:

Zunächst einmal spielt die Beziehung zu deiner Mutter eine Rolle, der ersten wichtigen Frau im Leben eines Menschen. War euer Verhältnis geprägt von Liebe, Verständnis, Unterstützung und Herzenswärme oder vermochte deine Mutter dir nicht das zu geben, wonach du dich als Kind gesehnt hast? Hat sie dich darin unterstützt, du selbst zu sein und deine Einzigartigkeit zu entwickeln oder hat sie eher ihre Macht ausgespielt, dich manipuliert und dominiert oder kalt im Stich gelassen?

Wie auch immer: Der Urkontakt mit deiner Mutter hat deine Einstellung zum Weiblichen mitgeprägt.

Dann macht es natürlich einen Unterschied, ob du selbst eine Frau oder ein Mann bist. Als Frau kannst du dich fragen, ob deine Mutter für dich ein gutes Vorbild war oder ob du lieber ganz anders als sie werden und leben möchtest. Wie ist deine Einstellung zu deiner eigenen Weiblichkeit?

Die Karte *Die Kaiserin* lädt dich ein, dich für das wundervolle Potenzial deines Frauseins zu öffnen, dich als Frau zu lieben und zu genießen. Werde dir deiner weiblichen Ausstrahlung bewusst und verschenke deine Liebe großzügig auf allen Ebenen. Sollte diese Aufforderung innere Widerstände oder schmerzliche Gefühle in dir hervorrufen, dann erforsche diese ganz ehrlich und öffne dich für die Heilung von verletzenden Erfahrungen und Enttäuschungen.

Als Mann fühlst du dich in der Regel vom Weiblichen angezogen, denn dort begegnest du deinem Gegenpol. Eine Frau kann dir unendlich viel geben, aber dich auch sehr tief verletzen. Je nachdem, wie deine Erfahrungen mit deiner Mutter waren, ist deine Anziehung vielleicht auch durchwachsen von

Misstrauen, Angst, Kampf oder Hass. In der Begegnung mit Frauen ist es wichtig, das Spektrum deiner Gefühle genau und ehrlich wahrzunehmen und, wenn möglich, auch mitzuteilen.

Die Kaiserin lädt dich ein, dir auch deiner eigenen empfänglichen und gefühlsbetonten Seiten bewusst zu werden. Dann kannst du dich auch besser in Frauen einfühlen und dich von ihnen berühren und beschenken lassen. Diese Tarotkarte kann mitunter auch ein Hinweis sein für eine Begegnung, die für dein Liebesleben bedeutungsvoll ist.

Ob Mann oder Frau: Das Leben will sich dir jetzt von seiner schönsten und reichsten Seite zeigen. Wie viel du davon annehmen kannst, hängt von deiner Offenheit und Bereitschaft ab und von der Intelligenz und Liebe deines Herzens.

Originalbezeichnung im Englischen: *The Empress*

IV Der Kaiser

Stichworte

Starker weiser irdischer Mann Männlichkeit
echte natürliche Autorität feurige dynamische Kraft Pionier
starker Wille Standfestigkeit setzt Grenzen
hohe Führungsqualitäten weise Macht
weise Entscheidungen Abenteuerlust wahre Größe
ein besonderer Mann

Die wichtigsten Symbole

Dem **Feuerelement** und dem Sternzeichen **Widder** zugeordnet.

Der Kaiser wird als ein gekrönter Mann in majestätischen Gewändern dargestellt. Sein Thron leuchtet in **feurigen Farben** und ist von zwei **Widderköpfen** eingerahmt. Auch das Zepter in seiner rechten Hand trägt den Widder, Ausdruck von Pioniergeist und Eroberungslust. Der **Globus mit dem Malteserkreuz** zeigt die Verbindung von Weisheit und Macht. Das liegende **Lamm mit**

der Friedensfahne versinnbildlicht die andere Seite des wilden Widders: Zu echter, natürlicher Autorität und wahrer Größe gehören auch Demut und Mitgefühl, aus denen heraus ein guter Herrscher bereit ist, sich selbst für das Wohl des Ganzen zu opfern.

Der **doppelte Adler mit dem Sonnensymbol** auf dem Wappenschild symbolisiert innere und äußere Wandlung durch die Feuerkraft der Sonne und deutet auf einen schöpferischen Neubeginn. Dies wird auch betont durch die **Sonne** im Hintergrund und die **explodierenden Sterne** in den beiden Scheiben rechts und links. Energie und Lebenswille brechen sich Bahn und entdecken neue Welten.

Vertiefung

Die Tarotkarte *Der Kaiser* repräsentiert männliche Qualitäten von wahrer Stärke und Größe sowie von weiser Macht. Diese sind in unserer immer noch männlich dominierten Umgebung recht selten zu finden. Allzu oft wird Macht missbraucht für Kontrolle, Unterdrückung, Dominanz, Konkurrenzkampf und persönliche Vorteile. Deshalb stehen viele Jugendliche aufgrund enttäuschender Erfahrungen Autoritäten eher skeptisch und rebellisch gegenüber. Doch tief innen sehnt sich jeder nach der Liebe und weisen Führung eines guten Vaters oder väterlichen Freundes (natürlich evtl. auch der einer Mutter). Es ist einfach schöner, voller Vertrauen heranwachsen zu können, als sich misstrauisch allein durchkämpfen zu müssen! Das kennst du so oder so aus eigener Erfahrung.

Bei dieser Tarotkarte geht es nun darum, unabhängig zu werden von vorhandenen oder fehlenden Vorbildern. Für einen Mann ist es an der Zeit, Selbstzweifel loszulassen und sich von allen fremden Ideen über Männlichkeit zu befreien. Dich auf dich selbst mit allen deinen natürlichen Impulsen einzulassen ist mehr als genug. Zu wahrer Stärke gehört auch Offenheit und Verletzlichkeit. Erlaube dir, sowohl wild als auch zärtlich zu sein, sowohl hart als auch nachgiebig, sowohl dynamisch als auch ruhig. Je tiefer du alle Gegensätze in dir umarmst, desto echter kann sich von selbst entfalten, was zum einzigartigen Ausdruck deines Mannseins gehört. Das stärkt dein Selbstvertrauen und du entwickelst eine klare Wahrnehmung dafür, auf welche Führung du dich einlassen kannst oder nicht.

Auch als Frau trägst du eine männliche Seite in dir. Du erlebst sie in deiner Abenteuerlust, in dem Bedürfnis, Unbekanntes zu entdecken und neue Erfahrungen zu machen. Vielleicht bist du auch kämpferisch und liebst es, dich zu behaupten. Auch für dich gilt: Stehe gleichermaßen zu deiner Kraft wie zu deiner Weichheit, zur Wildheit wie zur Sanftheit, zu deiner Unabhängigkeit wie zu deinem Anlehnungsbedürfnis. Menschen, die ihre männlichen und weiblichen Anteile vereinen und gleichermaßen leben, haben immer eine besondere Ausstrahlung und sind attraktiv.

Ob Frau oder Mann: *Der Kaiser* ist eine Einladung, deiner wahren inneren Stärke zu vertrauen und den Mut zu haben, Neuland zu betreten. Das können Reisen sein in fremde Länder oder zu Plätzen bzw. Ereignissen, die du noch nicht kennst. Du kannst auch Neuland betreten in Schule, Ausbildung, Beruf oder in deinem Liebesleben. Vielleicht begegnest du einem Mann, der deine Liebe weckt oder eine neue Begeisterung in dir auslöst. Riskiere etwas, sei offen für Abenteuer und Überraschungen. Folge mutig dem Ruf deines Herzens und vertraue vor allem dir selbst, deiner inneren Wahrnehmung, deinem inneren Wissen. Sei in deiner Stärke auch für andere da und schenke ihnen Anleitung und Führung, wenn sie sich das von dir wünschen. Unterstütze sie darin, ihre eigene wahre Stärke, Größe und innere Sicherheit zu entwickeln.

Wir finden im *Kaiser* den irdischen Mann, während der spirituelle Mann durch den *Hierophanten* verkörpert wird. *Der Kaiser* schaut nach links zur Karte *Die Kaiserin,* wenn man die Karten in der Reihenfolge von links nach rechts auslegt. Sie ist also auch eine Beziehungskarte und ergänzt sich sehr schön mit der *Kaiserin.*

Originalbezeichnung im Englischen: *The Emperor*

V Der Hierophant

Stichworte

DIE Karte der inneren Weisheit und Führung

spiritueller Lehrer spiritueller Meister spiritueller Mann
wichtige Lektionen erdige Spiritualität
eingeweiht in das innere Wissen
die Geheimnisse des Lebens verstehen lernen
der inneren Stimme gehorchen irdische Erfahrungen
Karte der Heilung
repräsentiert und verkörpert das Göttliche im Irdischen

Die wichtigsten Symbole

Dem **Erdelement** und dem Sternzeichen **Stier** zugeordnet.

Der Thron des weisen Mannes ist umgeben von einem **Stier** und zwei **Elefantenköpfen.** Der Stier repräsentiert die Erde und die Elefanten die erdverbundene Weisheit. Das **goldene Braun,** die Farbe der durch Transformation befreiten Erde, dominiert die **Darstellung des Hierophanten**. Spirituelle Weisheit ist nichts Abgehobenes, sondern stets der Erde zugewandt.

In den vier Ecken des Bildes befinden sich die Symbole der **vier Cherubim**, die verschiedene Aspekte des Menschseins repräsentieren: Der **Stier** steht für das Element Erde (Sternzeichen Stier), für Körper und Materie. Der **Löwe** repräsentiert das Element Feuer (Sternzeichen Löwe), Willenskraft, Dynamik und Kreativität. Der **Mensch** vertritt das Element Luft (Sternzeichen Wassermann), die Ebene der Ideen, Gedanken und Worte. Der **Adler** stellt die höchste Stufe des Sternzeichen Skorpion dar und gehört zum Element Wasser, dem Bereich von Emotionalität und Liebe. Ein weiser Mensch hat alle diese Ebenen in sich vereint und zur vollen Entfaltung gebracht.

Vor dem Hierophanten steht eine **Frau mit Schwert und Mondsichel** in ihren Händen. Schwert und Mond zeigen die Vereinigung von Wissen und Emotionalität. Ein weiser Mensch hat männliche und weibliche Seelenanteile in sich vereint und entwickelt. Aus dieser Verbindung entsteht das **Kind**, dargestellt im Fünfstern auf seiner Brust. Die Offenheit und Natürlichkeit des Kindes sind Ausdruck echter Weisheit. Die Würde eines echten spirituellen Lehrers ist immer auch vereint mit kindlicher Unschuld. Erst durch die Weisheit unseres Inneren Kindes wird all unser Wissen lebendig.

Der Kopf des *Hierophanten* ist von fünf **weißen, herzförmigen Blütenblättern** umgeben, Ausdruck von Liebe in ihrer reinsten, vollendeten Form. Die **Schlange der Transformation** wird von **Nägeln** berührt. Sie erinnert an die **Dornenkrone**, an Schmerzen und Leiden, die sehr oft mit inneren Wandlungen einhergehen. Der dunkle Hintergrund zeigt die Aufgabe jedes nach Weisheit strebenden Menschen: das Licht der Bewusstheit in die Dunkelheit der Unwissenden zu tragen.

Vertiefung

Die Karte *Der Hierophant* steht für den Wesenskern in jedem Menschen. Wir können ihn auch die „Innere Führung", den „Inneren Meister", das „wahre Selbst" oder „Gott in uns" nennen. Er ist das, was wir in Wirklichkeit sind: reines, unbegrenztes Bewusstsein, frei von allen Selbstbildern und Vorstellungen über uns selbst, Gott und die Welt. Dies zu erkennen und zu verkörpern ist die höchste Bestimmung eines jeden Menschen.

Das Dilemma, in dem sich die meisten Menschen befinden, besteht darin, dass sie den Kontakt zu ihrem Wesenskern verloren haben. Sie haben vergessen, wer sie in Wahrheit sind, und versuchen, sich zu definieren und zu profilieren, um ihrem Leben einen Sinn abzuringen. Sie besitzen kein Bewusstsein über ihre innere Führung und leben daher in Angst, Stress und einem Gefühl von Ungeborgenheit und Trennung. Dieses Vergessen des wahren Selbst ist Ursache für Unglück, Leid und Gewalt auf dieser Erde. Je weiter wir uns von der Inneren Führung entfernt haben, desto sinnloser und schwerer erscheint uns das Dasein in dieser Welt. Doch sobald wir lernen, die Verbindung wieder bewusst herzustellen, führt uns dies in die erlösende Einheit mit uns selbst und dem Leben.

Du kannst hier und jetzt damit beginnen. Lerne, dich in deinem Sein „auszuruhen" und den Kontakt mit dir selbst zu genießen. Das stärkt deine Wahrnehmung im praktischen Leben und du kannst immer besser herausfinden, was echt und stimmig ist.

Alles, was seine Wurzeln in Liebe und Wahrheit hat, wird dich und deine Umwelt beschenken und segnen. Doch alles, was aus Angst und Trennung hervorgeht, kann weder dich noch andere glücklich machen. Habe stets den Mut, dem Ruf deines Herzens zu folgen.

Der Hierophant ist der spirituelle Mann im Gegensatz zum *Kaiser,* der den irdischen Mann verkörpert.

Originalbezeichnung im Englischen: *The Hierophant*
Frühere Bezeichnung: *Der Hohepriester*

VI Die Liebenden

Stichworte

Eine Liebende oder ein Liebender sein Liebesbegegnungen Anziehung Erotik sich verlieben lieben lernen Vereinigung von Mann und Frau Sexualität eine Beziehung eingehen sich auf Liebe und Nähe einlassen energetisches Verschmelzen und Eins-Werden mit etwas Vereinigung der Gegensätze durch Liebe sich liebevoll für Menschen engagieren Begegnung zuerst im Innen und dann im Außen

Die wichtigsten Symbole

Dem **Luftelement** und dem Sternzeichen **Zwillinge** zugeordnet.

Die Tarotkarte *Die Liebenden* zeigt die Hochzeit von *Kaiserin* und *Kaiser*. Die Zeremonie wird von einer Gestalt vollzogen, die an den *Eremiten* erinnert. So ist die Fähigkeit, allein zu sein, eine Voraussetzung für jede erfüllende Liebesbeziehung.

Das ganze Bild zeigt die Vereinigung von Gegensätzen:

Mann und Frau, hell und dunkel, Feuer (Löwe) und Wasser (Adler). Alle Symbole sind paarweise angeordnet, bereit, dem Gegenpol zu begegnen. Durch Vereinigung geschieht Verwandlung und Erneuerung, dargestellt durch das **geflügelte Ei mit der Schlange**.

Oben im Bild schwebt **Amor**, dessen Pfeil Menschen in Liebe entflammen lässt. Die beiden Kinder unten zeigen die Natürlichkeit und Unschuld echten Verliebtseins. Doch auch hier gibt es zwei gegensätzliche Qualitäten, die in der Liebe erfahren werden: Das **helle Kind mit Blumen und Kelch** zeigt die Süße und Schönheit, während das **dunkle Kind mit Keule und Speer** andeutet, dass Liebesbeziehungen auch mit Kampf und schmerzhaften Erfahrungen einhergehen können. Auch die **gebogenen Lanzen** im Hintergrund deuten auf den Konflikt zwischen Begrenzung und Freiheit, Bindung und Unabhängigkeit, Eifersucht und bedingungsfreier Liebe.

Vertiefung

Du kennst es wahrscheinlich aus eigener Erfahrung: Wenn du so richtig verliebt bist, siehst du die Welt mit anderen Augen und fühlst dich wie verwandelt. Dich erfüllt eine ganz neue Intensität. Deine Gedanken wandern ständig zum oder zur Geliebten und deine Gefühle brennen in Sehnsucht nach Nähe, Intimität und Verschmelzung.

Manche sagen, Liebe macht blind. Man könnte aber ebenso sagen, dass Liebe ganz neue Dimensionen des Lebens eröffnet, die für Menschen im gelangweilten „Normalzustand“ gar nicht wahrgenommen werden. Ob sich deine Liebesbegegnung als Täuschung oder Erweiterung deines Bewusstseins herausstellt, hängt davon ab, wie echt, ehrlich und liebevoll du mit dir selbst und den Beteiligten umgehst.

Phasen des Verliebtseins sind natürlich und kommen und gehen wie Wellen – unabhängig von deiner bewussten Kontrolle. Liebe kann nicht kontrolliert werden. Du kannst Anziehung höchstens leugnen und Gefühle unterdrücken. Es ist aber auch möglich, dich von ihnen beflügeln zu lassen, unabhängig davon, ob der andere sie erwidert oder nicht. Das höchste Glück erlebst du natürlich dann, wenn du feststellst, dass der Wunsch nach Austausch und Nähe auf Gegenseitigkeit beruht. Dann gehst du wahrscheinlich eine kurze oder auch langfristige Beziehung ein und eine neue Ebene des Miteinander beginnt für euch beide.

Doch noch wichtiger als die Dauer eurer Verbindung ist die Qualität eures Austausches. Sie entscheidet, ob du dich im Nachhinein dankbar, bereichert und erfüllt fühlst oder bitter, enttäuscht und verschlossen. Wichtig sind dabei vor allem absolute Ehrlichkeit, Offenheit und der Ausdruck echter Liebe. Dies bedeutet ein nie endendes Dazulernen, auch und gerade in schmerzhaften Erfahrungen.

Dazu gehört vor allem auch, den anderen immer wieder in seiner Freiheit zu unterstützen, anstatt ihn besitzergreifend für dich in Beschlag zu nehmen. Liebe kann nur erblühen, wenn sie mit Freiheit Hand in Hand gehen kann. Alles andere wird früher oder später zum Gefängnis, in dem die anfängliche Anziehung bald in Vorsicht und Eifersucht erstickt.

Der andere ist immer ein Spiegel deiner selbst. Was dich anzieht, sind Aspekte, die du erfahren und entwickeln möchtest. Was du später vielleicht einmal ablehnst und bekämpfst, bringt dich auch in Kontakt mit dem Unfrieden in dir. Letztendlich spiegeln deine Beziehungen immer auch die Art deines Umgangs mit dir selbst. Deshalb verschließe dich nie der Liebe, denn durch kaum etwas anderes im Leben kannst du dir selbst so tief begegnen.

Originalbezeichnung im Englischen: *The Lovers*

Die Welt und ihre Polarität entsteht

Diese ersten sechs Karten kann man zusammenfassen unter der Überschrift: „Die Welt und ihre Polarität entsteht". Graphisch sieht das dann so aus:

Der Magus ist der Meister der Kommunikation. Diese findet in der Regel über das Wort statt, und um Worte bilden zu können, braucht es den **Ton**. Das Wort **„Ton"** ist jedoch zweideutig: Es bedeutet einmal Klang, ein anderes Mal Lehm. Diese Verbindung deutet darauf hin, dass die Erde aus Klang, aus Ton entstanden ist. Die ersten Worte in einem der ältesten Bücher der Welt, der Bibel, lauten:

„Am Anfang war das Wort und das Wort war bei Gott und Gott war das Wort."

Der Magus spielt mit den Elementen der Kommunikation und damit auch mit den Elementen der Manifestation, mit der Fähigkeit, etwas in diese Welt zu bringen, in die Erscheinung treten zu lassen.
Die Hohepriesterin und der *Hierophant* stehen für die Ebene der spirituellen Mann-Frau-Beziehung, während *Die Kaiserin* und *Der Kaiser* das irdische Paar symbolisieren. Über die geistig-spirituelle Dimension findet sich der Mensch in der körperlich-manifesten Dimension wieder. *Kaiserin* und *Kaiser* schauen sich direkt an, wenn man die beiden Karten nebeneinanderlegt. Sich anzuschauen, bedeutet auch, sich zu erkennen. Im Film „Avatar" sagt Jake zu Neytiri: „Ich sehe dich", und sie erwidert: „Ich sehe dich." Es heißt so viel wie: „Ich erkenne mich in dir" oder „Ich liebe dich." Auch in früheren Jahrhunderten wurde die sexuelle Vereinigung als „sie erkannten sich" umschrieben. Die Vereinigung findet schließlich in der Karte Die *Liebenden* statt, aus der dann neues Leben entsteht, nämlich die beiden Kinder im Vordergrund der Karte. Sie symbolisiert jedoch auch die Vereinigung der Gegensätze durch Auseinandersetzung.

Nachdem die Gemeinschaft und die Begegnung von Mann und Frau ausgekostet ist, folgt der nächste Entwicklungsschritt in der Rückkehr zu sich selbst. Es stellt sich die Frage: **Wo will *ich* denn hin?**

VII Der Wagen

Stichworte

Innenschau innerlich vorbereiten auf den Neubeginn
etwas Neues wagen Neubeginn Vertrauen in die inneren
Kräfte nichts überstürzen
warten, bis die Kräfte des Lebens sich selbst in Gang setzen
Rückkehr zu sich selbst Meditation Selbsterforschung
spiritueller Weg Transformation (goldene Rüstung)
Schutz (Rüstung) Klarheit (Kristalle) Geduld
warten, bis alles klar ist Wechsel zum Guten

Die wichtigsten Symbole

Dem **Wasserelement** und dem Sternzeichen **Krebs** zugeordnet.

Es verwundert etwas, dass *Der Wagen* dem Wasserelement angehört. Frieda Harris und Aleister Crowley haben diese Karte dem Krebs zugeordnet. Die Innenschau des Wagenlenkers geht auf den Urgrund. Er schaut tief nach innen auf den Urgrund und der Krebs repräsentiert diesen Urgrund von Familie und Gemeinschaft.

Auch die Qualität des Vertrauens ist in dieser Karte da. Darauf vertrauen, wenn ich mich tief nach innen einlasse, dann werden sich irgendwann die Kräfte meines Wagens in Bewegung setzen. Ansonsten kann man nicht sehr viele Verbindungen zum Element Wasser herstellen.

Der Wagenlenker sitzt in der noch stillstehenden Kutsche in Meditationshaltung. Sein Blick ist nach innen gerichtet und er versenkt sich in den in seinen Händen rotierenden **Heiligen Gral**, der das Glücksrad symbolisiert. Seine Rüstung glänzt golden und ist mit Kristallen besetzt. **Gold** steht für Transformation und **Kristalle** stehen für Klarheit – wichtige Voraussetzungen für den Start in etwas Neues. Der **Krebs** auf dem Kopf zeigt ein Bedürfnis nach Schutz und Geborgenheit durch die Weisheit der Inneren Führung. Diese kann sich auch in Form von weisen, unterstützenden Menschen zeigen.

Die vier **Sphinxen** (Stier, Löwe, Mensch, Adler) sind die Kräfte, die den Wagen bald in Bewegung setzen werden. Sie haben Köpfe und Körper untereinander vertauscht und unterstützen sich gegenseitig. Der Weg des Wagens ist mit goldenen Steinen gepflastert. Es ist der königliche Pfad der Meditation und Selbsterkenntnis.

Vertiefung

In dir reift etwas heran und wird sich bald Bahn brechen. Dies führt zu Veränderungen in deinem Leben, auf die du dich nun innerlich vorbereiten kannst. Dazu ist es erforderlich, einen guten, stabilen Kontakt mit dir selbst zu entwickeln, so dass du nicht nur automatisch funktionierst, indem du deinen Verpflichtungen und Aufgaben nachkommst. Vielmehr geht es jetzt auch um eine eigene, bewusste Beteiligung an den wirklich wichtigen Ereignissen deines Lebens.

Selbstkontakt kann sich auf unterschiedliche Weise entwickeln. Vielleicht hast du schon Erfahrungen in stiller oder aktiver Meditation, bei der es darum geht, die Wahrnehmung für sich selbst zu schärfen, um sich tiefer und genauer kennenzulernen. Im Grunde ist es möglich, alles, was du bewusst und gerne tust, zu einer Art Meditation werden zu lassen: Wenn du dich in frischer Luft und Natur bewegst, wenn du dich sportlich betätigst, wenn du kreativ bist – voll präsent in Tätigkeit und Entspannung.

Auch zärtliches oder erotisches Zusammensein mit einem geliebten Menschen kann meditative Aspekte besitzen, vor allem, wenn du dir erlaubst, voll und ganz offen zu sein und gleichzeitig tief entspannt und hingegeben. Dann wechseln Aktivität und Geschehen lassen, leidenschaftliches Brennen und gelöstes Schmelzen harmonisch ab. Du bist ganz da mit dem anderen und ruhst gleichzeitig tief in dir selbst.

Bewusstheit für dich selbst in jedem Augenblick, für die leisesten Regungen in dir, wenn du atmest, denkst, träumst, fühlst, empfindest oder beschäftigt bist, kann durch einfache Selbst-Erinnerung entwickelt werden. Damit verbesserst du spürbar die Qualität deines gesamten Lebens. Denn die Art und Weise deines bewussten Kontaktes mit dir selbst wirkt sich direkt auf alles in deinem Leben aus: Auf deine Beziehungen, Aktivitäten und Erfahrungen. Das bereitet dich optimal auf kommende Veränderungen und Entwicklungen vor. Du fühlst dich dann immer seltener als Spielball der Ereignisse, sondern bist mehr und mehr bewusst und auch aktiv beteiligt. Wirkliches Leben bedeutet bewusstes Leben.

Originalbezeichnung im Englischen: *The Chariot*

VIII Ausgleichung

Stichworte

Meditation Zentrierung
finden der eigenen inneren Mitte
ruhen in der eigenen Mitte Ausgewogenheit
Bereitschaft zur inneren Balance
den Zugang zur inneren Balance mühelos finden
was ich tue, mache ich ganz spüren, was in dir da ist
etwas in Ordnung bringen Wiedergutmachung
etwas gleicht sich aus

Die wichtigsten Symbole

Dem **Luftelement** und dem Sternzeichen **Waage** zugeordnet.

Eine **junge Frau** (Maat, ägyptische Göttin der Gerechtigkeit) hält das große **Schwert der Klarheit** vor ihrer Körpermitte. Sie balanciert die großen **Waagschalen**, Symbole der kosmischen Gesetze, die Anfang (**Alpha**) und Ende (**Omega**) umfassen, auf der Spitze des Schwertes. Ein faszinierendes Bild von Gleichgewicht und Zentrierung.

Die vorherrschenden Farben sind Blau und Grün. **Blau** steht für Gedankenkräfte, Ideen und Weisheit; **Grün** bedeutet Kreativität, also die Fähigkeit, Ideen umzusetzen. Ähnliches wird durch das abwärts gerichtete Schwert ausgedrückt: Geistige Klarheit (vgl. *Ass der Schwerter*) wird zur Erde gebracht und dort ausgedrückt.

Das Gesicht der balancierenden Frau ist **maskiert**. Ihre ganze Aufmerksamkeit ist nach innen gerichtet. Auf diese Weise ist sie in Kontakt mit der Kraft, Klarheit und Weisheit des inneren Gesetzes, das sie als Innere Führung wahrnimmt und befolgt.

Vertiefung

Etwas, das in dir und deinem Leben im Ungleichgewicht war oder ist, kann jetzt eine Ausgleichung erfahren. Jede Erfahrung, jede Freude und jeder Schmerz können dazu dienen, wenn du bereit bist, dich so offen und wach wie möglich darauf einzulassen.

Wenn du allein bist, achte auf die Gefühle und Impulse in deinem Inneren. Vielleicht spürst du auch, dass du auf jemanden zugehen solltest, um etwas mitzuteilen oder etwas wiedergutzumachen.

Wenn du mit anderen Menschen zusammen bist, fühle, was in dieser Situation stimmig ist, was geschenkt oder ausgesprochen werden soll. Wird dir etwas Schönes gegeben, so nimm es frei und dankbar an. Sollte dich ein anderer Mensch durch sein Verhalten irritieren und in dir emotionalen Schmerz auslösen, bleibe so präsent wie möglich. Indem du das Gefühl innerlich da sein lässt, ohne etwas damit zu tun, ihm Raum gibst und es akzeptierst, stellen sich bald ein neuer Friede, eine neue Balance und Klarheit ein. Du fühlst dich erleichtert und befreit.

Weise Menschen wissen, dass alles im Leben einen Ausgleich erfährt. Das ist ein kosmisches Gesetz. Wenn wir dies zutiefst verstehen und annehmen, sind wir frei von Widerstand und somit frei von Leiden. Sobald wir erkennen, dass Schmerz und Verlust genauso zum Leben gehören wie Lust und Gewinn, befreit uns dies von unnötigem Leiden.

Ohne moralisch zu verurteilen, sorgt die kosmische Gerechtigkeit für den Ausgleich. Wenn du das Leben großer und starker Menschen verfolgst, kannst du immer beide Pole finden: riesige Erfolge und Triumphe, aber auch schwerste Prüfungen, harte Schicksalsschläge und Enttäuschungen. Nur diejenigen beenden ihr Leben erfüllt und in Frieden, die sich allen Höhen und Tiefen gleichermaßen stellen.

Wo Festhalten und Anklammern oder Stolz und Selbstgefälligkeit stark ausgeprägt sind, findet das Leben immer einen Weg, um alles wieder wegzunehmen und dadurch auszugleichen. Je offener und vertrauensvoller du dich auf deine täglichen, ständig wechselnden Erfahrungen einlässt, desto tiefer wächst der Kontakt zu deiner Wesensmitte, die eins ist mit der Kraft des Ganzen.

Originalbezeichnung im Englischen: *Adjustment*

IX Der Eremit

Stichworte

Den Fokus der Wahrnehmung nach innen richten
das innere Licht suchen und finden
kompromisslose Hinwendung zum inneren Licht
Bereitschaft, tief nach innen zu schauen, um den inneren Schatten zu begegnen
„Wer bin ich?" sich selbst finden Zeit der Ernte All-Eins-Sein

Die wichtigsten Symbole

Dem **Erdelement** und dem Sternzeichen **Jungfrau** zugeordnet. *Der Eremit* ist ganz nach innen gewandt und ruht in sich selbst. In seiner Hand hält er den **geschliffenen Kristall**, in dem die **Sonne** strahlt. Sie ist Ausdruck des unzerstörbaren wahren Wesens, dessen Licht immer scheint.

Der **giftige Schlangenstab** und der **dreiköpfige Höllenhund Zerberus** (unten im Bild) zeigen die Schattenbereiche des

Unbewussten. Bevor wir das ersehnte innere Licht erreichen, stoßen wir in der Regel auch auf die Bereiche, die wir ungern sehen oder fühlen. Doch die Bereitschaft, ihnen zu begegnen und sie als Teile unserer selbst anzunehmen, lässt uns reifen und vollständig werden. Die **Ähren** sind reif zur Ernte und das **Ei mit der Schlange** deutet auf den alles umfassenden Neubeginn.

Vertiefung

Die Suche nach dem Inneren Licht ist im Grunde die Suche nach dir selbst. Ohne einen tiefen Kontakt zu dir selbst fühlst du dich auch getrennt vom Leben und alles erscheint sinnlos. Fehlt die Verbindung, fühlst du dich einsam, isoliert und abgeschnitten.

Um die Tarotkarte des *Eremiten* richtig zu verstehen, ist es wichtig, den Unterschied zwischen Einsamkeit und Alleinsein zu kennen. Fühlst du dich einsam, dann fehlt dir etwas. Du hast Sehnsucht nach einem anderen Menschen oder nach Umständen, die jetzt nicht da sind. Du vermisst etwas ganz schmerzlich. Einsamkeit ist ein unangenehmer Zustand des Mangels und der inneren Leere.

Alleinsein hingegen bedeutet All-Eins-Sein. Du bist mit dir allein und fühlst dich wohl und verbunden mit allem. Innerlich reich und erfüllt genießt du es, Zeit und Raum zu haben, um dich mit dem zu beschäftigen, was du liebst. Du bist in Kontakt mit dir selbst, mit deinem Inneren Licht.

Doch auch Einsamkeit kann für dich ein Tor zum Alleinsein werden, wenn du bereit bist, deinen Schatten zu begegnen. Im Fall der Einsamkeit sind die Schatten genau das, was dich schmerzt und wovor du am meisten Angst hast: die innere Leere, das Nichts, die Abwesenheit von dem, wonach du dich sehnst. Dieser Leere, diesem Nichts in dir zu begegnen, ohne dich wie sonst üblich abzulenken oder zu betäuben, ist eine der größten, aber auch lohnendsten Herausforderungen. Keinem Menschen bleibt diese Lektion erspart, obwohl die meisten ein Leben lang vor ihr davonlaufen. Genau aus diesem Grund sind so wenige Menschen wirklich glücklich und erfüllt.

Wie kannst du, wenn du dich einsam fühlst, dem Nichts begegnen? Entspanne dich in den Fluss deines Atems hinein. Fühle deinen Körper von innen her und nimm wahr, ob es etwas gibt, was dich schmerzt oder was dir fehlt. Wenn du etwas findest, atme dort so lange hinein, bis es in dir weit wird. Leere verwandelt sich in Grenzenlosigkeit, wenn wir sie annehmen. Wenn du bereit bist, dem Schatten deiner Einsamkeit zu begegnen, weißt du, wie du allen Schatten gegenübertreten kannst. Hinter jedem Schmerz und jeder Angst liegt ein Potenzial, eine weitere Dimension deines inneren Lichts.

Originalbezeichnung im Englischen: *The Hermit*

Hinwendung nach Innen

Die letzten drei Karten kann man unter der Überschrift: „Hinwendung nach Innen“ zusammenfassen.

Die Karte *Der Wagen* fordert dich auf, nach innen zu gehen und zu warten, bis sich etwas in deinem Leben in Bewegung setzt. *Die Ausgleichung* geht einen Schritt weiter, indem sie die Meditation in den Alltag integriert und dadurch eine Balance herstellt. Alles, was du tust, wird in einer meditativen Haltung erledigt.

Der Eremit schließlich sucht aktiv nach seinem inneren Licht. Er muss dabei seinen inneren Schatten begegnen, denn in der Welt der Dualität sind Licht und Schatten eng miteinander verknüpft. Wenn er diese Schattenaspekte in sich gefunden hat, genügt es, wenn er sie fühlt und zu einem Ja zu ihnen findet. Durch dieses Gewahrsein transformieren sich die Schattenaspekte von allein, quasi als Geschenk des Göttlichen an die oder den Suchenden. Damit wird das duale Licht, das die Schatten noch kennt, zu dem **LICHT unseres wahren Wesens**, in dem keine Schatten existieren. Denn es umarmt Hell und Dunkel gleichermaßen und transzendiert dadurch Dualität und Trennung.

X Schicksal

Stichworte

Eine schicksalhafte, glückliche Erweiterung/Ausdehnung,
zuerst im eigenen Bewusstsein,
dann im äußeren/irdischen Leben
unerwartetes Glück das Schicksal meint es gut mit dir
glücklicher Neubeginn wichtiger Durchbruch
das Leben als Wunder sehen
Aufforderung, in die Mitte zu gehen

Die wichtigsten Symbole

Dem **Feuerelement** und dem Planeten **Jupiter** zugeordnet.

Das *Rad des Schicksals* nimmt eine neue Wende. Im Hintergrund explodiert die alte Welt der Vergangenheit wie ein Feuerwerk.

Die drei Figuren auf dem Rad stellen altägyptische Gottheiten dar. Die **Sphinx** vereint die vier magischen Tugenden: Wissen,

Wollen, Mut, Schweigen. Das **Schwert** in ihren Pfoten zeigt ihre unbestechliche Unterscheidungskraft. Der **Affe** verkörpert Flexibilität und neue Ideen. Das **Krokodil** steht für Kreativität und für die erneuernden und heilenden Kräfte in uns.

Vertiefung

Die Karte *Schicksal* deutet auf eine wichtige Erweiterung im Leben eines Menschen hin. Manchmal erscheint es dir so, als ob es da eine fremde Macht gäbe, die deinen Alltag und dein Leben bestimmt und kontrolliert. Entwickeln sich die Umstände angenehm, freust du dich wahrscheinlich. Trifft dich das Schicksal dagegen hart, haderst du möglicherweise mit ihm oder versuchst, dagegen anzukämpfen.

In der Regel glauben die meisten Menschen, Glück und Leid seien abhängig von den äußeren Bedingungen, bestimmten Lebensumständen und Faktoren. Daher suchen sie ständig nach Sicherheit und Erfüllung im Außen. Doch wer ist es, der die Erfahrungen unseres Lebens verursacht? Ist es nicht so, dass etwas **in uns** bestimmte Ereignisse anzieht? Und hast du schon einmal Zufriedenheit und inneres Glück ohne äußeren Grund erlebt?

Das Gesetz von Ursache und Wirkung kann auch andersherum funktionieren. Mache dich innerlich weit und fühle dich dankbar und zufrieden und du wirst glückbringende Erfahrungen anziehen. Du kennst das sicherlich von Tagen, an denen dich alle anlächeln und das ganze Leben dir entgegenkommt, weil du es irgendwie ausstrahlst.

Die Karte *Schicksal* weist dich darauf hin, dass in dir eine große Öffnung und Erweiterung möglich ist, die sich auch auf die Ereignisse deines äußeren Lebens auswirken kann. Lass einfach alle begrenzenden Vorstellungen los und sei bereit für einen Neubeginn. Wenn sich jetzt etwas aus deinem Leben verabschiedet, lasse es getrost gehen. Das schafft nur Platz für das Neue und Große, das jetzt in dein Leben kommen will.

Wenn das Rad des Schicksals sich dreht, gibt es ein ständiges Auf und Ab, solange du auf den äußeren Rand schaust. Zur Mitte hin wird die Bewegung immer kleiner und im Zentrum ist es ganz still und unbeweglich. So wie die Sonne als Zentrum unserer Galaxie unverändert leuchtet, strahlt auch die innere Sonne ständig aus unserer Wesensmitte. Tief in deinem Bewusstsein ist es immer still, sobald du darauf achtest. Dein Bewusstsein ist das, was deine Gedanken, Gefühle und alles um dich herum wahrnimmt und erlebt. Richte hin und wieder den Fokus deiner Aufmerksamkeit nach innen. Vielleicht kannst du dann das Drama des Lebens wie einen Kinofilm anschauen. So wirst du davon frei, dich ununterbrochen in den äußeren Ereignissen zu verlieren.

Damit hast du etwas Wichtiges entdeckt. Tief in dir, in dem grenzenlosen Raum deiner Wahrnehmung und deines Bewusstseins ist immer alles still – und es ist alles gut, so wie es ist! Hier kannst du dich ausruhen, um dich dann erfrischt und gestärkt ins Abenteuer des Lebens zu stürzen. Und wie immer die Ereignisse in deinem äußeren Leben dann aussehen werden, sie sind bereits angenommen und akzeptiert. Damit bist du frei vom Schicksal, denn alles, was dir das Leben schickt, hat seinen Sinn. Und damit erkennst du das wahre Glück in dir, das aus dieser Verbindung zu deiner tiefen, inneren Mitte, aus deinem SEIN hervorstrahlt.

Originalbezeichnung im Englischen: *Fortune*
Frühere Bezeichnung: *Glück*

XI Lust

Stichworte

Lebenskraft Lebenslust Lust Tantra Befreiung
Lebendigkeit Vereinigung von Körper und Energie
Sexualität Kreativität Liebe Freude Hingabe
Ekstase der All-Einheit Aufforderung, lustvoller zu leben
Ja zur Leidenschaft

Die wichtigsten Symbole

Dem **Feuerelement** und dem Sternzeichen **Löwe** zugeordnet.

Eine Frau sitzt nackt auf dem Rücken eines Löwen. **Nacktheit** bedeutet hier Ursprünglichkeit, Offenheit und totale Hingabe an das Leben. Der **Löwe** repräsentiert feurige Kraft, ungezügelte Vitalität und die Macht der inneren Antriebe. Seine **sieben Köpfe** zeigen das Haupt einer Jungfrau, eines Heiligen, eines Dichters, einer sinnlichen Frau, eines Kriegers, eines Satyrs (Fabelwesen) und einer Löwenschlange. Sie repräsentieren unterschiedliche Aspekte der **Einen Lebenskraft**, wie sie sich im Menschsein ausdrücken kann, jenseits von Moral und Bewertung.

Die zehn im Hintergrund verstreuten **Strahlenkreise** zeigen die sich auflösenden alten Moralvorstellungen, die jetzt ersetzt werden durch zehn frisch ausstrahlende (oben im Bild). Sie sind Sinnbild des Lichts, das – gleich Schlangen – in alle Richtungen ausströmt, um die alte Welt zu zerstören und neu zu erschaffen. Dieser Prozess der Neuschöpfung findet sich auch wieder im Schwanz des Löwen, einer **Schlange mit Löwenkopf**.

Das Gesicht der Frau ist ganz der **Feuerurne** zugewandt. Alles, was nicht zu ihrer wahren Natur gehört, wird losgelassen und verbrannt, damit die Liebeskraft ihres wahren Wesens ihr Leben und die Welt verändern kann.

Vertiefung

Lust können wir in unserem Körper empfinden, aber auch in Gefühlen und Gedanken. Lust ist lebensbejahend und -erhaltend, während ihr Gegenpol, der Schmerz, uns auf etwas Lebensfeindliches oder Lebensbedrohliches aufmerksam macht. Deshalb trägt jedes Lebewesen den Wunsch in sich, Lust zu erfahren und Schmerz zu vermeiden.

Es ist natürlich, Lust zu genießen, sei es beim Essen, in Liebe und Sexualität, bei Spiel und Bewegung, bei spannenden Entdeckungen, bei allen interessanten und intensiven Erfahrungen. In den Situationen, in denen wir Lust und Freude erleben, fragen wir nicht nach dem Sinn des Lebens. Wir sind glücklich und fühlen uns von innen her erfüllt.

Es gibt nur **eine** Kraft des Lebens, die sowohl das ganze Universum als auch unser Menschsein regiert. Die Religionen nennen sie Gott, die Biologen Leben und die Physiker Energie. Ganz gleich, welchen Namen wir Ihr geben – Sie existiert. Sie anzuerkennen, ja, sich Ihr zu öffnen und zu überlassen bedeutet, auf den Wellen der höchsten Intelligenz und Liebe dieses Universums zu reiten. Sie zu leugnen oder sich gegen Sie zu stellen heißt, sich selbst und das eigene Leben zu verneinen und zu zerstören. Was auch immer zu dir und deinem Leben gehört, es ist ausnahmslos aus dieser Einen Kraft hervorgegangen, ist also so gewollt und deshalb jenseits von Gut und Böse.

Für viele Menschen taucht an diesem Punkt aber auch ein Problem auf. Sie fragen sich: „Aber wenn jeder nur nach seinem eigenen Lustprinzip leben würde, gäbe es dann nicht nur noch Egoismus und Chaos? Brauchen wir denn nicht Moral, Gebote und Bestrafung, um ein Ausufern von Verlangen und Begierden zu verhindern?" Ja, das ist etwas, das du dir gut anschauen solltest, falls diese Fragen auch in dir existieren. Wir zeigen dir hier unsere Sicht der Dinge. Es ist wichtig, dass du dir deine eigene Meinung bildest und ihr gemäß lebst.

So wie wir es sehen, braucht es Moral, Gebote und Bestrafung für Menschen, welche die kosmischen Gesetze der Liebe und Einheit nicht kennen und missachten. Das ist so lange notwendig, bis ein Mensch zu sich selbst erwacht und begreift, dass er und die anderen Menschen, er und alle Lebewesen, er und die ganze Welt eins sind, d.h. aus der **Einen Kraft** hervorgegangen und in Ihr enthalten sind. Aus dieser Erkenntnis ergibt sich von selbst die goldene Regel:

Behandle jeden Menschen so, wie du dir wünschst, von ihm behandelt zu werden.

Du kennst es doch aus eigener Erfahrung: Wahre Lust und Freude bereichern dich nur wirklich, wenn du sie mit anderen teilen kannst. Einen geliebten Menschen zu beglücken, beglückt auch dich, während jeder Schmerz, den du bei einem anderen auslöst, auch dir wehtut. Alle Erfahrungen in unserem Leben haben doch nur das eine Ziel, nämlich in Einklang mit dem zu sein, was wir tief in uns als wahr erkennen und empfinden.

Diesem inneren Gesetz sollten wir folgen und mutig bereit sein, aus Fehlern zu lernen. Was zählt, ist deine Ehrlichkeit. Mit ihr wirst du immer wieder neu die Erfahrung machen, dass es sich lohnt, zu dir und deiner Wahrheit zu stehen. Selbst wenn andere Widerstand leisten, dich angreifen oder sich von dir abwenden, werden dein Mut und deine Ehrlichkeit siegreich sein. Alle Beteiligten haben dadurch eine Chance, zu lernen und zu wachsen.

Da das menschliche Leben sich immer in Gegenpolen abspielt, kann die Erfahrung von Liebe und Lust auch mit Angst, Schmerz und Eifersucht einhergehen. Andere können unsere Gefühle verletzen, uns missachten oder verlassen. Wenn es wehtut, gibt es immer etwas Wichtiges zu lernen! Anstatt dich oder den anderen zu verurteilen, spüre genau hin, was jetzt schmerzt und wo in deinem Körper du Verspannung oder Angst wahrnimmst. Das ist sehr wichtig, denn nur, wenn du dich selbst tief verstehst und annimmst, wirst du auch andere verstehen und annehmen können. Aus diesen Erkenntnissen erwächst Weisheit, die dich heilt und glücklich macht.

Originalbezeichnung im Englischen: *Lust*

XII Der Gehängte

Stichworte

DIE Karte der Hingabe

Ohnmacht Hilflosigkeit **festgefahrene Situation**
emotionale Erstarrung **Vertrauen** inneres Loslassen
das eigenwillige Tun aufgeben sich der Situation ergeben
man kann aus eigener Kraft nichts mehr tun
den eigenen Willen loslassen
Hingabe an das, was ist, im Innen wie im Außen
sich dem Leben überlassen

Die wichtigsten Symbole

Dem **Wasserelement** zugeordnet (ohne weitere astrologische Zuordnung).

Der Gehängte ist kopfüber festgenagelt in einer Position, in der er nichts mehr aus eigenem Willen ausrichten kann. Er ist nackt und seine Haare sind geschoren. **Nacktheit** steht hier für

Schutzlosigkeit und Verletzlichkeit. Die entfernten **Haare**, Antennen spiritueller Wahrnehmung, zeigen, dass er das Vertrauen in seine eigene Intuition verloren hat. Die **Schlangen** der Transformation und Weisheit sind zusammengerollt und eingeschlafen. Er ist an dem **Ank-Stab**, der reine Lebenskraft repräsentiert, aufgehängt. Jeder Versuch, aus eigener Kraft etwas zu erreichen oder verändern zu wollen, muss aufgegeben werden. Nur vollkommene Hingabe ist möglich.

Vertiefung

Irgendetwas in dir schreit nach Veränderung. Wenn du glaubst, alles im Griff zu haben und kontrollieren zu können, lädt dich *Der Gehängte* ein, diese Illusion aufzugeben. Wenn du dich bereits unter Druck oder tief verunsichert fühlst, ist es Zeit, zu entspannen und dich einer höheren Kraft anzuvertrauen. Jeder Widerstand, jeder Versuch, zu kämpfen, ist aussichtslos. Du kannst gegen den Willen des Ganzen nichts Befreiendes erreichen. Dies einzusehen und anzunehmen, wird dich sehr erleichtern.

Es gibt Situationen im Leben, in denen unser aktives Handeln gefragt ist, und andere, in denen es angesagt ist, nichts mehr zu unternehmen, zu entspannen und den Dingen ihren Lauf zu lassen. Letzteres ist jetzt für dich angezeigt. Wenn du wirklich mit deinem ganzen Sein nachgibst, wird sich etwas grundlegend zum Positiven verändern. Dann kannst du vielleicht bald erkennen, wie dein Eigenwille dir nicht nur nicht weiterhilft, sondern sogar manchen Fortschritt erschwert oder verhindert.

Der Gehängte hat versucht, sich gegen die Lebenskraft, d.h. gegen die höchste Kraft im Universum zu stemmen. Dabei konnte er natürlich nur unterliegen. Jetzt ist er so lange aufgehängt und festgenagelt, bis er seine erstarrten und festgefahrenen Ideen, Einstellungen und Verhaltensweisen aufgibt. Er muss tief einsehen, wie sinnlos sein bisheriges Verhalten war. Wenn er bereit ist, sich wirklich hinzugeben, sind Wunder möglich. Er kann dann staunend erkennen, wie unnötig es war, gegen das Leben anzukämpfen. So können schwierige Situationen und Lebenskrisen zu den größten Geschenken des Wachsens werden.

Da *Der Gehängte* dem Wasserelement zugeordnet ist, könnte man auch sagen: Beim **Gehängten** ist das Wasser des Fühlens, das Wasser der Emotionen zu Eis erstarrt. Es fließt nicht mehr. Er ist in seiner emotionalen Welt festgefahren. Daher kommen die Starrheit und Unbeweglichkeit, in der er sich gerade festgenagelt erlebt. Deshalb ist *Der Gehängte* auch **DIE Karte der Hingabe**. Die Hingabe ist ja die große Qualität des Wasserelements. Durch die Hingabe, durch das Loslassen kommt früher oder später alles wieder ins Fließen. Ist Hingabe dasselbe wie Akzeptanz? Akzeptanz ist eine Vorstufe, da nehme ich es erst an. In der Hingabe lasse ich es so sein, wie es ist. Ich lasse mich so sein, ich lasse es geschehen, ich lasse das Leben so sein.

Originalbezeichnung im Englischen: *The Hanged Man*

XIII Tod

Stichworte

Endgültiges und tiefes Loslassen
inneres und äußeres Sterben
Tod und Wiedergeburt Ende und Neubeginn
Trennung von allem, was nicht mehr dient
Befreiung von Einengungen Veränderungen Transformation
Raum für etwas Neues entsteht

Die wichtigsten Symbole

Dem **Wasserelement** und dem Sternzeichen **Skorpion** zugeordnet.

Der Tod wird durch ein **Skelett** mit Sense dargestellt. Er durchtrennt damit die Fäden der Vergangenheit. Teile unserer selbst, die mit vergangenen Erfahrungen verstrickt waren, werden jetzt befreit. Der **Skorpion** (unten im Bild) hält seinen giftigen Stachel zum Stechen bereit. Die Blüten der **Seerose** und der **Lilie** liegen sterbend im Schlamm, aus dem sie hervorgegangen sind.

Die **Schlange**, die bereit ist, tödlich zuzubeißen, steht für Transformation. Der **Fisch**, die alte Vergangenheit, wird ihre Beute sein. Die **Kopfbedeckung** des Skeletts zeigt die Notwendigkeit, alte Ideen und Vorstellungen zu Grabe zu tragen. Der **Adler**, der befreite Geist, entfaltet seine Schwingen und hebt sich empor.

Vertiefung

Öffne dich für große Veränderungen in deinem Leben. Die Zeit ist gekommen, etwas will Abschied nehmen. *Der Tod* ist eine machtvolle Einladung zum Loslassen und zur Hingabe.

Die meisten Menschen haben Angst vor dem Tod und verdrängen ihn am liebsten aus ihrem Bewusstsein. Wenn du deine Ängste einmal tief erforschst, wirst du am Ende fast immer die Angst vor Schmerz, Sinnlosigkeit und Tod finden. Doch wenn du dann tief entspannst und vertrauensvoll loslässt, löst sich die Angst sofort auf.

Wenn etwas Wichtiges in deinem Leben zu einem Ende kommt, kann es manchmal schmerzhaft sein und es ist wichtig, diesem Schmerz Raum zu geben, ihn ganz zu fühlen und anzunehmen. Nur dadurch kann er sich in seiner eigenen Zeit wieder auflösen. Wehrst du dich gegen eine bestimmte Erfahrung und den Schmerz, den sie vielleicht auslöst, verwandelt er sich in Leiden und Depression.

Ohne Tod und Wiedergeburt wäre eine Weiterentwicklung in unserem Leben undenkbar. Wenn du dir dies immer dann ins Bewusstsein rufst, wenn das Leben zum Loslassen auffordert, sind Zeiten des Abschieds und der Veränderung nicht mehr bedrohlich. Vielmehr erzeugen sie eine selten erfahrene, kostbare Wachheit und Lebendigkeit in uns. Der Tod ist nicht etwa eine Wesenheit, die mit Totenkopf und Sense heimtückisch und gnadenlos ihr Unwesen treibt. Wenn wir ihn auf diese Weise als Feind betrachten, spiegelt dies lediglich unser Unverständnis und unseren Widerstand gegenüber den Kräften des Lebens.

Wächst aber unsere Einsicht in das Mysterium, das wir Tod nennen, so verwandelt er sich in einen weisen Freund und Ratgeber. Er hilft uns, die Vergänglichkeit des äußeren Lebens anzuerkennen und unser wahres Wesen als unsterblich, unzerstörbar, unendlich und grenzenlos zu erfahren. Mit dieser Erkenntnis löst sich ein großer Teil unserer Angst vor dem Leben und dem Sterben auf.

So wie die Sonne nach jedem Regen wieder scheint und der Frühling die Natur nach langem Winter erneut belebt, gehst auch du immer wieder durch Zeiten des Sterbens und der Neugeburt. Alles, was einen Anfang hat, wird auch ein Ende haben. Jedes Sterben schafft Raum für Neues. Indem wir Ja sagen zu Tod und Veränderung, sagen wir Ja zum Leben.

Originalbezeichnung im Englischen: *Death*

Hingabe an das Leben

Nach der Reise nach Innen wechselt die Ebene erneut. Die vier vorhergehenden Karten können bezeichnet werden als „Die Hingabe an das Leben“. Sie bilden verschiedene Aspekte des Lebens ab.

Die Karte *Schicksal* fordert dich auf, dich für die Wendungen des Lebens zu öffnen und sie mit dankbarem Herzen anzunehmen. Du kannst die Ereignisse in deinem Leben nicht kontrollieren, du kannst jedoch das Beste aus ihnen machen. Dann werden auch die unangenehmen Erlebnisse zu einem Geschenk, das dich weitet und reifen lässt. Denn das Lebensrad dreht sich unaufhaltsam weiter. Die Wellen des Lebens hören nie auf im ewigen Prozess von Neubeginn, Höhepunkt und Loslassen.

Die *Lust* deutet auf eine wundervolle Qualität, die einem bewussten Menschen jederzeit zur Verfügung steht. Ob in der körperlichen Vereinigung, in der Kreativität oder einem hingebungsvollen Tun, es kann sich ein Tor zum Einssein, zur Verschmelzung mit dem Göttlichen öffnen. Dann fühlen wir uns nicht mehr getrennt von unserer Tätigkeit oder dem/der Partner*in. Stattdessen verschmelzen wir und erleben Einssein. Wenn Lust egoistisch und selbstsüchtig lebt, schafft sie durch das eigene Wollen erneut Trennung.

Der Gehängte kann dann darauf hinweisen, dass nicht persönliches Wollen und Brauchen zu wahrer Erfüllung führen. Nur wenn echte Liebe beteiligt ist, kann für uns lustvolles Erleben zu strahlender Lebendigkeit werden.

In der Karte *Tod* wird alles persönliche Wollen endgültig aufgegeben. Es stirbt aber nur das, was ohnehin nicht mehr dient. Übrig bleibt das Wesentliche, das Essenzielle, das in einem neuen Gewand, in einer neuen Form, in einer neuen Ausprägung in die Welt hinein geboren wird.

XIV Kunst

Stichworte

Vereinigung der Gegensätze Auferstehung nach dem Tod innere heilige Alchemie vollkommene Harmonie Neugeburt Transformation innere Verwandlung Mühelosigkeit eine Suche wird belohnt müheloser Fortschritt kreative Kraft Heilung auf eine sanfte Weise

Die wichtigsten Symbole

Dem **Feuerelement** und dem Sternzeichen **Schütze** zugeordnet.

Die gesamte Karte zeigt die Vereinigung von **Gegensätzen:** Feuer und Wasser, hell und dunkel, männlich und weiblich, Tod und Wiedergeburt. Das Verschmelzen der Gegenpole führt zu einer neuen, umfassenden Einheit: die **Kunst** der Verwandlung.

Der **goldene alchemistische Schmelztiegel** (Transformation), verziert mit **Totenkopf, Raben und keltischem Kreuz**, zeigt den Prozess von Tod und Wiedergeburt. Der ursprünglich rote

Löwe (Element Feuer) hat mit dem ehemals weißen **Adler** (Element Luft) die Farben vertauscht. Dies zeigen die bereits vollzogene Vereinigung und Hingabe. Das Kleid trägt die Zeichen der **Honigbienen** und **Schlangen**, die Vereinigung von weiblich und männlich (auf der Karte *Die Liebenden* hat das Gewand der Frau die Bienen, das Gewand des Mannes die Schlangen). Daraus ergibt sich auch die Farbe **Grün**, die auf Zeugungskraft und Kreativität hinweist.

Der **Dampf**, die neue Kraft, steigt auf. Dies wird auch durch den aufwärts gerichteten **Pfeil** betont. An den Schultern entstehen **Regenbögen**, Symbole der Harmonie. Die beiden **Mondsicheln** (Intuition) werden in Verbindung mit der großen **Sonne** (Bewusstheit) dargestellt. Der lateinische Satz auf der Sonne lautet sinngemäß:

> ***„Untersuche die inneren Bereiche der Erde; durch Reinigung wirst du den verborgenen Stein finden.“***

(Anmerkung: Diesen Satz kann man im Roman *Der Alchemist* von Paulo Coelho lebendig und spannend nachvollziehen.)

Vertiefung

Sobald du „Ja“ sagst zu den unterschiedlichen, manchmal auch widersprüchlichen Seiten in dir, kehrt ein ganz neuer Friede in deinem Inneren ein. Du fühlst dich wie neu geboren. Eine harmonische Kraft übernimmt die Regie und fügt die Dinge wunderbar. Alles, was du beiträgst, ist dein Einverständnis, dein Nachgeben, Loslassen und Entspannen. Etwas in dir erkennt an, dass in deinem Leben eine Weisheit wirkt, die weit über dein begrenztes Verständnis hinausgeht. Doch du weißt, dass du dich ihr anvertrauen kannst.

Indem die Konflikte in dir zur Ruhe kommen und still werden, breitet sich die innere Harmonie sofort auch in allen äußeren

Angelegenheiten aus. Tätigkeiten gelingen, Beziehungen und Kontakte einwickeln sich erfreulich, unerwartete Hilfen oder schöne Überraschungen stellen sich ein. Du bist wieder im Einklang mit dir selbst und dem Leben. In allem erkennst du den tieferen Sinn und bist erstaunt und dankbar für die Geschenke des Lebens, die dir aus deinen Erfahrungen erwachsen.

Schließlich kannst du dich für eine tiefe Einsicht öffnen, die von weisen Menschen zu allen Zeiten übereinstimmend ausgedrückt wurde: ***„Alles ist gut, so wie es ist!“*** Sobald wir die Urteile unseres begrenzten Verstandes einfach einmal beiseitelassen, können wir mit dem Leben, **so wie es ist**, in Harmonie sein, auch dann, wenn wir nicht in der Lage sind, die großen Zusammenhänge zu erfassen. Dann erlauben wir der Intelligenz des Herzens, uns zu leiten, indem wir stets neu dem Ruf der Liebe und Freude folgen.

Originalbezeichnung im Englischen: *Art*

XV Der Teufel

Stichworte

Hohes kreatives Potenzial **Gefahr von Identifikation und Verstrickung** Unfreiheit **Gefahr von Stolz** die Persönlichkeit will kontrollieren **Weisheit durch Erfahrung entwickeln** weist auf etwas Größeres, auf das Göttliche hin **Himmel und Erde bzw. Geist und Materie verbinden** Durchsetzungsvermögen **Sexualität** Intuition

Die wichtigsten Symbole

Dem **Erdelement** und dem Sternzeichen **Steinbock** zugeordnet.

Der Teufel wird dargestellt durch einen **weißen Bergziegenbock**. Seine mächtigen, geschwungenen **Hörner**, die weit in den Himmel ragen, zeigen seinen Zugang zu kosmischer Energie und höherem Wissen. Auch das geöffnete **Dritte Auge** auf seiner Stirn weist auf die Fähigkeit zu erweiterter und intuitiver Wahrnehmung hin. Der **Kopfschmuck** zeigt seine Erfolge und die Gefahr, sich stolz über andere zu erheben oder sein Können eigennützig zu missbrauchen.

Die **Säule** hinter ihm symbolisiert einen erigierten Penis, die beiden **Kugeln** die Hoden. Es ist die Darstellung der männlichen Schöpferkraft. Die **weiblichen und männlichen Gestalten** in den „Hoden" weisen darauf hin, dass in der Vereinigung des Weiblichen und Männlichen neues Leben entsteht. Der **Stab mit der geflügelten Sonne und den Schlangen** zeugt von der großen Zeugungskraft oder dem kreativen Potenzial. Die phallische Säule durchdringt das Himmelsgewölbe, das durch den **Ring** oben angedeutet wird. Ebenso führt der Schaft des Stabes endlos weit nach unten und vereint sich mit der Erde. Die goldene kosmische Energie verbindet sich mit dem Dunkelbraun der Erde.

Vertiefung

Wir haben immer die Wahl, auf welche Weise wir unsere Kräfte und Fähigkeiten einsetzen. *Der Teufel* zeigt, dass du Macht besitzt, die du entweder eigennützig gebrauchen oder in den Dienst der Liebe stellen kannst. Die Kräfte, die in dir und deinem Leben wirken, können Wertvolles und Segenbringendes erschaffen. Sie können dich aber auch unfrei und abhängig machen.

Alles hängt jetzt von deiner Wachheit und Ehrlichkeit ab. Sind deine Absichten rein und liebevoll, so dienen alle deine Unternehmungen auch dem Wohle des Ganzen. Selbst dann, wenn einige Menschen in deinem Leben nicht damit übereinstimmen. Kommen deine Motive aus Stolz, Eitelkeit, Überheblichkeit und bloßem Eigennutz, werden alle deine Handlungen, Worte und Gedanken dich selbst und andere verletzen.

Die Schattenseite des *Teufels* ist Selbstsucht und Abhängigkeit. Beidem liegt eine Angst vor Mangel zugrunde, die

Vorstellung, etwas oder jemanden ganz dringend zu brauchen, weil du sonst im Leben zu kurz kommen würdest. Diese Angst kann deine Beziehungen zu anderen Menschen vergiften und deinen Umgang mit Geld und Besitz belasten.

Dies ändert sich, sobald du dich der Liebe öffnest und dem Vertrauen in die natürliche Fülle des Lebens. Dann fühlst du, dass du immer alles erhältst, was du für dein Wachstum und deine Erfüllung brauchst. Dann ist es nicht mehr nötig, andere Menschen zu besitzen und eifersüchtig zu überwachen oder um Geld, Besitz und andere Vorteile zu kämpfen. Das Wissen um die Fähigkeiten und Stärken, die dir vom Leben mitgegeben wurden, sowie deine Verbindung zu der universellen Intelligenz helfen dir, das zu bewirken, was zu deinem Glück und zum Wohle aller Beteiligten beiträgt.

Indem du deine Schöpferkraft bewusst in den Dienst des Ganzen stellst, trägst du dazu bei, Liebe, Freude und Schönheit in dieser Welt zu vermehren. Was du aussendest, kehrt um ein Vielfaches zu dir zurück. Du erlebst dich dann immer weniger als isoliertes Einzelwesen, das verbissen um seine Vorteile kämpft. Stattdessen spielst du die Rollen, die das Leben dir zugedacht hat, mit Leichtigkeit und Humor, freust dich über Erfolge und Fortschritte und bleibst doch stets innerlich frei.

Der Steinbock ist astrologisch die Meisterschaft im Umgang mit der Materie und der Formenwelt. Der *Teufel* trägt das Potenzial dieser Meisterschaft, diese enorme kreative Kraft in sich. Und wie die meisten von uns wissen, die Materie hat ihre Tücken. Sie kann uns ganz schön hinein ziehen in ihren Bann. Wir denken, wir erledigen das mal eben, und plötzlich steckt der *Teufel* im Detail. Da taucht dies und jenes auf und wir werden immer mehr verwickelt in diesen Prozess der Auseinandersetzung mit der Materie. Das heißt, hier ist die Gefahr der Identifikation mit der Materie und des Verhaftetseins in der materiellen Welt.

Wenn der *Teufel* im Beziehungskontext auftaucht, dann lohnt es sich immer, auch die Verstrickungen unter den Liebenden anzuschauen. Die Quersumme der Nummer XV beim *Teufel* ergibt *VI Die Liebenden*. Daher kann er mitunter Verstrickung, Anhaftung und Abhängigkeiten auf verschiedenen Ebenen anzeigen. Diese können sowohl materiell als auch emotional sein.

Originalbezeichnung im Englischen: *The Devil*

XVI Der Turm

Stichworte

DIE Karte für Transformation

große Veränderung radikale Verwandlung

inneres Erdbeben hohe Intensität

Befreiung aus Verstrickungen Erneuerung

alles fällt ab, was nicht mehr zu dir gehört, nur die Essenz bleibt übrig

neue Klarheit Selbsterkenntnis freiwilliges Loslassen

Altes und Erstarrtes wird zerstört und macht Platz für das Neue und Stimmige

Die wichtigsten Symbole

Dem **Feuerelement** und dem Planeten **Mars** zugeordnet.

Die Kraft des verzehrenden, reinigenden Feuers zerstört das Alte und fegt es hinweg. Der **Turm des Egos** wird bis in seine Grundfesten hinein erschüttert.

Das **Auge des Horus** symbolisiert ein neues, klares Sehen, das nicht nur auf die Oberfläche der Dinge schaut, sondern auch ihr Wesen erkennt. Die **Friedenstaube** bringt in ihrem Schnabel einen **Olivenzweig**, der das Ende einer Krise oder Katastrophe anzeigt. Die **Schlange mit dem Löwenkopf** zeigt die Erneuerung, die möglich wird, nachdem das Alte aus dem Weg geräumt wurde.

Vertiefung

Zeiten großer Veränderungen in unserem Leben gehen in der Regel auch mit intensiven Erfahrungen einher. Intensität kann mitunter schmerzhaft sein. Oftmals ist sie jedoch ganz einfach großartig, spannend oder sogar lustvoll. Entscheidend ist immer unsere innere Haltung ihr gegenüber. Wir ernten stets das, was wir ausgesät haben.

Wehren wir uns gegen Veränderungen, sind wir ängstlich und verkrampft, werden wir uns von den verwandelnden Kräften immer bedroht und bedrängt fühlen. Klammern wir uns dann noch in Panik an die letzten Reste scheinbarer Sicherheit, so kann das Leben zu einem regelrechten Horrortrip werden. Sind wir hingegen offen und vertrauensvoll entspannt, dann begrüßen wir die Ereignisse des Lebens freudig mit einer abenteuerlustigen Wachheit. Dann genießen wir einfach die Tatsache, dass sich etwas bewegt, und lassen uns vom Strom der Ereignisse tragen, anstatt zu versuchen, gegen ihn zu schwimmen. So kann jede Veränderung gleichzeitig eine wertvolle Erweiterung unseres Horizontes und Bereicherung unseres Lebens werden.

Wir können nichts verlieren, was wirklich zu uns gehört. Wenn du das Gefühl hast, etwas Wertvolles zu verlieren, fühle einfach den Schmerz, solange er da ist. Lasse jedoch gleichzeitig auch los, was nicht mehr zu dir passt, und trauere ihm nicht allzu lange nach. Öffne deine Augen ganz neu für die Chancen und Möglichkeiten, die sich jetzt auftun. Sei bereit für Wunder und erlaube dir zu staunen.

Der Turm ist die stärkste Karte, also DIE Karte für Transformation in diesem Tarot. Alles, was erstarrt ist und dir nicht mehr dient, wird von diesem verzehrenden Feuer zerstört. Eine neue Klarheit und ein neues Leben stellen sich ein. Wenn ein Mensch dieser transformatorischen Kraft Widerstand entgegenbringt und an Altem und Erstarrten festhält, wird der Turm in der Regel schmerzhaft und leidvoll erlebt. Wenn jedoch die verwandelnde Kraft bereitwillig begrüßt und als Befreiung verstanden wird, kann sie ekstatisch erlebt werden. Was bleibt, ist pure Intensität und Lebendigkeit.

Originalbezeichnung im Englischen: *The Tower*

Gestaltung und Verwandlung

Bei den drei zuletzt besprochenen Karten wird die Materie bereits durchlässiger und geistiger. Man kann sie unter die Überschrift: „Gestaltung und Verwandlung" setzen.

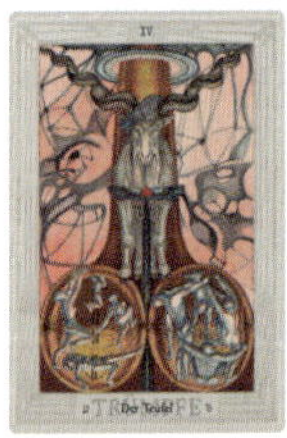

Die *Kunst* als Karte der Wiedergeburt repräsentiert die alchemistische Verwandlung von Innen durch die Vereinigung der Gegensätze. Dadurch wird im Erfahrungsraum der Karte *Der Teufel* die Meisterschaft der Manifestation und des Erschaffens möglich. Eine Gefahr besteht darin, dass man glaubt, diese Fähigkeiten würden aus dem persönlichen Ich geschöpft, anstatt aus der universellen Kraft. Wenn dies nicht klar erkannt wird, sorgt *Der Turm* für eine radikale und gründliche Reinigung. Er zwingt zum Loslassen des erstarrten Ichs und ermöglicht dadurch wieder, sich dem Wesentlichen zu öffnen.

XVII Der Stern

Stichworte

Kanal sein für göttliche Inspirationen und den göttlichen Geist
Verbindung zur universellen Intelligenz höchste Inspiration
kosmische Ideen bzw. den Himmel auf die Erde bringen
Visionen empfangen und verwirklichen
Hingabe an die Eine Kraft sich als inspirierten Kanal erleben
Selbsterkenntnis und Selbstvertrauen Ausstrahlung

Die wichtigsten Symbole

Dem **Luftelement** und dem Sternzeichen **Wassermann** zugeordnet.

Die **Sternengöttin Nuith** stellt sich als reiner Kanal zur Verfügung, so dass die göttliche Energie sich im Irdischen ausdrücken kann. In beiden Händen hält sie einen **Kelch** (Gefäß für die universelle Liebe, vgl. *Ass der Kelche*), durch den sich die Spiralwirbel der Energien ergießen. Ihr **langes Haar**

– Empfangsantennen für höchste Inspirationen – fällt weit hinab und leitet die kosmischen Ideenimpulse auf die Erde. Dort **kristallisieren** sie sich in Form klarer Visionen. Die **Schmetterlinge** und **Rosenblüten** zeigen den Segen, der durch die Verwirklichung von Ideen und Visionen zur Erde kommt.

Vertiefung

Die Möglichkeiten deiner Selbstentfaltung sind unbegrenzt! Das spürst du ganz deutlich in jenen kostbaren Momenten einer völligen Offenheit und Weite. Es ist, als würde ein Vorhang beiseitegezogen und du erlebst mit deinem ganzen Sein einen Einblick in die Realität der Vollkommenheit. *Der Stern* weist dich darauf hin, dass dieser offene, empfängliche Seinszustand für dich möglich ist – jetzt und in der kommenden Zeit.

Verpasse nicht dieses Geschenk! Lenke dich nicht mit unwesentlichen Dingen ab! Nutze die Gunst der Stunde und erlebe dein Angeschlossen-Sein. Gedanken, Ideen oder gar Visionen (Einblicke in das, was war, ist und werden soll) stellen sich jetzt nicht zufällig ein. Sie wollen dir etwas Wichtiges zeigen, dich belehren, ermutigen und mit Kraft erfüllen. Je stiller und offener du dabei werden kannst, desto klarer erkennst du den Unterschied zwischen oberflächlichem Gedankengeplapper und tiefen inneren Einsichten.

Kanal für das Göttliche zu sein, heißt, den eigenen Willen und die eigenen Vorurteile einmal beiseitezulassen und sich einer höheren Weisheit anzuvertrauen. Diese beginnt dann sofort zu wirken und kann sich auf vielfältige Weise zeigen. Durch Ruhe und entspannte Gewissheit, durch inneren Frieden oder Glücksgefühle, durch klare Zuversicht oder innere Gelassenheit, durch Eingebungen in Form von Gedanken, Gefühlen, Bildern oder Impulsen, etwas Bestimmtes zu tun. In solchen Momenten erkennst du den tieferen Sinn und die vollkommene Erfüllung deines Menschseins.

Indem wir dem Raum geben, was uns das Leben als ureigensten Glanz mitgegeben hat, werden wir auch im Außen alles anziehen, was unser Selbst-Sein bestärkt und immer deutlicher herauskristallisiert. Je größer dein Mut ist, deine tiefste Wahrheit selbstbewusst anzuerkennen und zum Ausdruck zu bringen, desto heller wirst du strahlen, desto lichtvoller wird dein Wesen erglühen.

Originalbezeichnung im Englischen: *The Star*

XVIII Der Mond

Stichworte

Letzte Prüfungen Geburt des inneren Lichts das innere Licht durch den Geburtskanal bringen auf der Schwelle zum Unbekannten Neugeburt Neuland betreten Identitätskrise Irrwege inneres Ringen unterschwellige Ängste Feststecken Wechsel von Ekstase und Krise von der Dunkelheit zum Licht schmerzhafte Erfahrungen Angst, den eigenen Weg zu gehen Bedenken Verunsicherung Hingabe an das innere Ringen einer Geburt

Die wichtigsten Symbole

Dem **Wasserelement** und dem Sternzeichen **Fische** zugeordnet. *Der Mond* ist dargestellt als abnehmender Mond. Er ist im Begriff, weiter in die dunklen Bereiche der Seele einzutauchen.

Der obere Teil der Karte zeigt einen engen Durchgang, der von unheimlichen Gestalten mit Wolfsköpfen (**ägyptischer**

Totengott Anubis) bewacht wird. Hinter ihnen ragen drohend und dunkel Türme empor, Symbole der Macht. In den Händen halten die Wächter **Phönixstäbe** (Fähigkeit, Energie zu lenken) und Schlüssel in Form der astrologischen Zeichen **Merkur** (Wissen) und **Pluto** (Macht). Zu ihren Füßen lauern die Schakale, um sich auf die Leichname derjenigen zu stürzen, die es gewagt haben, sich unachtsam, vielleicht aus bloßer Neugierde oder unehrlichen Motiven zu nähern.

Der bewachte Eingang ist auch die Darstellung des weiblichen Geschlechtsorgans, der Vagina. *Der Mond* symbolisiert den unbewussten Bereich des Weiblichen, das Wechselhafte, Feuchte, Verführerische, die unheimliche magnetische Anziehungskraft.

Im unteren Teil der Karte hält der **heilige ägyptische Käfer** (Skarabäus) das Symbol der **Sonne** in seinen Zangen. Er trägt das erneuernde Licht in die Dunkelheit hinein. So wird aus der Todesschwelle die Passage zu neuem Leben.

Vertiefung

Der Mond kann auf eine Zeit der inneren Dunkelheit hinweisen. Vielleicht hast du manchmal das Gefühl, dich selbst und die Welt nicht mehr zu verstehen. Möglicherweise erlebst du etwas, das dir wie eine Krise oder wie eine harte Prüfung vorkommt. Auch auf Täuschungen, Illusionen und Irrwege kann uns *Der Mond* hinweisen.

Solltest du tatsächlich solche Erfahrungen machen, haben diese jedoch auch einen wichtigen Sinn. Sie wollen dir dazu dienen, jene Teile deiner selbst kennenzulernen, die du bislang nicht beachtet hast. Daher kann *Der Mond* auch den Übergang von einer Stufe deines Bewusstseins zur nächsthöheren anzeigen.

In dem Moment, in dem du eine Illusion durchschaust, kann in dir eine Welt zusammenbrechen. Obwohl dies beängstigend und schmerzhaft sein kann, ist es notwendig, um einer tieferen

Wirklichkeit Platz zu machen. Denn niemand kann und will sein Leben auf Illusionen aufbauen. Der Weg zur Bewusstwerdung führt uns immer wieder in die Auseinandersetzung mit dem Unbewussten, Unbekannten und oftmals auch Bedrohlichen.

Bei vielen Naturvölkern gab und gibt es auch heute noch Rituale, mit denen der Wechsel vom Jugendlichen zum Erwachsenen vollzogen wird. Die jungen Menschen durchlaufen eine Vorbereitungszeit, die dann mit einer oftmals harten Prüfung endet. Das Bestehen dieses Tests ist dann der Eingang in den Status eines Erwachsenen.

Dein Leben in einer modernen Gesellschaft hält für dich nicht nur einen, sondern in der Regel zahlreiche Tests und Prüfungen in Schule und Beruf bereit. Wenn es um Wissen und Können geht, wird dir dabei mehr oder weniger gut geholfen. Bei deinen inneren Prüfungen, z. B. wenn du dich einsam fühlst, bei Liebeskummer oder wenn dich Fragen nach dem tieferen Sinn deines Daseins beschäftigen, gibt es oftmals niemanden, der dich unterstützen und beraten kann. In diesen Bereichen haben viele Menschen wenig zu bieten. Sie kennen sich selbst nur an der Oberfläche aus, besitzen kaum Weisheit und sind nicht wirklich glücklich.

Bei den wichtigsten Angelegenheiten deines inneren Lebens musst du lernen, auf die Stimme deines Herzens zu hören. Sie kann dir genau zeigen, was gut für dich ist, weil es deiner tiefen Wahrheit entspricht. Etwas in dir weiß immer, welchem Menschen du dich anvertrauen kannst und wem nicht. Viele werden dir vielleicht Hilfe und Führung anbieten, doch du merkst sofort, dass sie dich eigentlich nur für ihre eigenen Ideen und Zwecke gewinnen oder gar gebrauchen wollen.

Erst wenn du jemandem begegnest, der dir hilft, deine eigene Wahrheit zu finden und dich auch dabei unterstützt, ihr gemäß zu leben, kannst du dich ihm anvertrauen. Fühle genau hin, ob dieser Mensch den Weg kennt und geht, den auch du einschlagen möchtest. Wenn dein Herz dich ruft, zögere nicht, die angebotene Hilfe anzunehmen. In Kontakt mit deiner inneren Wahrnehmung können dann sogar Fehler und Irrwege zu Fortschritten werden, denn du lernst aus ihnen.

Der Mond ist dem Sternzeichen Fische zugeordnet. Die Fische sind im Kreis der Sternzeichen das letzte Zeichen. Die Entsprechung zum Fischezeichen ist in der Astrologie das 12. Haus. Hier geht es darum, loszulassen, sich in der Hingabe zu erleben. Fische-betonte Menschen suchen regelrecht die Grenzauflösung und das Mystische, das jenseits des klar Definierten liegt. Dies gilt auch für die Karte *Der Mond*. Die Geburt des Lichts geht immer mal wieder mit Verunsicherung einher, die sicher geglaubte Identität, das Selbstbild löst sich auf, sodass etwas Neues entstehen kann. Nach dem 12. Haus, nach dem Einlösen von alten Geschichten und von Karma beginnt wieder etwas Neues: Die Geburt des Lichts, die Geburt des wahren Wesens.

Originalbezeichnung im Englischen: *The Moon*

XIX Die Sonne

Stichworte

Höchste Energiekarte im Tarot
Lebendigkeit hohe Energie Kreativität Lebensfreude
Wesensmitte Verwirklichung des inneren Lichtes
das eigene Licht strahlen lassen bedingungsfreie Liebe
höchste Weisheit Begeisterungsfähigkeit Bewusstheit
Freiheit Feuerkraft

Die wichtigsten Symbole

Dem **Feuerelement** und der **Sonne** zugeordnet.

Die Sonne strahlt inmitten der zwölf Sternzeichen und durchdringt alles mit ihrem Leuchten. In ihrem Zentrum erblüht die **Rose der Erkenntnis**. Sie ist Ausdruck von Weisheit und höchstem Bewusstsein.

Auf dem **grünen Berg der Kreativität** tanzen zwei Kinder mit Schmetterlingsflügeln, Ausdruck von Lebensfreude, bedingungsfreier Liebe und Begeisterung. Die beiden alten **Münzen mit dem Kreuz** in Form menschlicher Gestalten sind alchemistische Zeichen der Verwandlung, die mit den Menschen geschieht, die sich dem höchsten Licht ihres wahren Wesens öffnen. Die Strahlen aus der göttlichen Quelle, der All-Sonne, tragen sie empor und überwinden alle Hindernisse (**Mauer** um den Gipfel des Berges).

Vertiefung

Die Sonne fordert dich auf, der Weisheit, Kraft und Führung deines wahren Wesens zu vertrauen. Indem du dem Ruf deines Herzens folgst, führt er dich in die Mitte deiner Liebe und Begeisterung. Hier findest du die Grundlage für alles, was dir echte Freude bereitet und dich wirklich erfüllt. So kannst du erreichen, was du dir ganz tief in deinem Inneren wünschst. Wenn du weißt, was du erleben willst, und der Gedanke daran dich innerlich jubeln lässt, dann steht der vollkommenen Erfüllung deiner Wünsche nichts mehr im Weg. Dann wird die eine Kraft in dir dich sicher führen. Du kannst mögliche Hindernisse überwinden und vorhandene Herausforderungen meistern.

Schüttle alle Ängste und Hemmungen ab, betrachte das Leben von der sonnigen Seite und wachse über dich selbst hinaus. Gehe an alles mit Unvoreingenommenheit, mit einer kindlichen Offenheit und Unschuld heran! Das verleiht dir Schmetterlingsflügel und das Leben wird zu einem fröhlichen, befreienden Tanz.

Genieße, was die Existenz dir jetzt schenkt. Das ganze Leben ist als ein Fest der Freude gedacht, das zu feiern du eingeladen bist. Begegne allen Menschen in Offenheit, Lebendigkeit und Mitgefühl. Gehe voller Positivität und Optimismus an die Aufgaben, die dir gestellt sind. Zeige dich ehrlich und frei mit allem, was zu dir gehört.

So wie der Frühnebel den kraftvollen Sonnenstrahlen weicht, so kann sich in dir nun vieles auflösen, was nicht mehr zu dir gehört und dich von der Lebensfreude getrennt hat. Das Eis von Angst und Herzenskälte kann schmelzen und liebevolle Zuwendung möglich machen. Nach langem, kaltem Winter verwandelt die Frühlingssonne das Land in einen farbenfrohen Garten. So macht auch die „Innensonne" jeden Menschen schön, sobald ihrem Strahlen Raum gegeben wird. Die Sonne ist der Mittelpunkt unseres Planetensystems, um den alles kreist. Ebenso sollte das Innenlicht unseres wahren Wesens, das strahlende, alles durchdringende Zentrum unseres Lebens sein.

Originalbezeichnung im Englischen: *The Sun*

XX Das Æon

Stichworte

Innere Läuterung letzte und ultimative Prüfung
spirituelles Erwachen Erkenntnis Erlösung
tiefe Einsicht in die geistigen Gesetze des Lebens
Auferstehung der letzte Schritt vor der Vollendung
aus einer höheren Warte wahrnehmen Weisheit
Ablegen von Täuschungen
Hinweis: Der Weg, den du gehst, ist der richtige.

Die wichtigsten Symbole

Dem **Feuerelement** zugeordnet (ohne astrologische Zuordnung).

Diese Tarotkarte enthält zahlreiche Figuren aus der altägyptischen Mythologie. Ihr zentraler Teil wird von dem Körper der **Sternengöttin Nuith** umfangen. Es heißt, ihr Leib breite sich des Nachts über den Himmel aus, um den dunklen Hintergrund für die Sterne abzugeben. Ihr Gefährte ist **Hadit**, der den Tag und das Sonnenlicht repräsentiert. Er wird durch die **Feuerkugel mit Flügeln** dargestellt.

Aus der Vereinigung von Nuith und Hadit geht das Kind **Horus** hervor, eine Doppel-Gottheit. Zum einen ist sie als **Kind** dargestellt, das die Weisheit unschuldiger Wahrnehmung ohne Vorurteile verkörpert. Diese Qualität wird auch durch die **geflügelte Schlange** auf seinem Kopf betont. Zum anderen wird Horus als **Herrscher mit Falkenkopf** gezeigt, der klares Sehen und scharfe, unbestechliche Wahrnehmung ausdrückt.

Die **drei menschlichen Gestalten** (unten im Bild) sind wie Samenkapseln, die auf die Zeit ihres Sprießens und Wachsens warten. Sie stellen Potenziale im menschlichen Bewusstsein dar, die sich in ihrer eigenen Zeit entfalten werden, wenn ein Mensch reif ist, aus höherer Perspektive zu schauen und ins Herz der Dinge zu sehen.

Vertiefung

Wie oft können wir nicht wirklich verstehen, was uns oder anderen Menschen zustößt! Unser Verstand kann vieles nicht endgültig erklären. Alle Urteile, die wir fällen, berücksichtigen oft nur einen winzig kleinen Ausschnitt aus dem unermesslichen Ganzen. Folgende Geschichte vom alten Weisen und seinem Pferd macht dies deutlich:

Ein alter Mann lebte in einem Dorf. Er war sehr arm, aber selbst Könige beneideten ihn, denn er besaß ein wunderschönes weißes Pferd. Sie boten dafür fantastische Summen, er aber verkaufte es nicht. Eines Morgens fand er sein Pferd nicht im Stall. Das ganze Dorf versammelte sich. „Du dummer alter Mann“, sagten die Leute, „wir haben immer gewusst, dass das Pferd eines Tages gestohlen wird. Es wäre besser gewesen, du hättest es verkauft. Welch ein Unglück!“

Der alte Mann aber antwortete: „Geht nicht so weit, das zu sagen. Sagt einfach, das Pferd ist nicht im Stall. So viel wissen wir, alles andere ist Urteil. Ob es ein Unglück ist oder ein Segen, kann ich nicht sagen, weil ich nicht weiß, was darauffolgen wird." Die Leute lachten den Alten aus. Sie hatten schon immer gewusst, dass er ein bisschen verrückt war.

Aber nach fünfzehn Tagen kehrte das Pferd plötzlich zurück. Es war nicht gestohlen worden, sondern in die Wildnis ausgebrochen. Nun kam es wieder und brachte noch zwölf wilde Pferde mit. Gleich versammelten sich die Leute und sagten: „Alter Mann, du hattest Recht. Es hat sich tatsächlich als Segen erwiesen."

Der Alte entgegnete jedoch: „Wieder geht ihr zu weit. Sagt einfach, das Pferd ist zurück. Ihr lest nur ein einziges Wort im Satz. Wie könnt ihr das ganze Buch beurteilen?"

Der alte Mann hatte einen einzigen Sohn und der begann, die Wildpferde zu trainieren. Eines Tages fiel er vom Pferd und brach sich beide Beine. Wieder versammelten sich die Leute und wieder urteilten sie: „Du hattest doch Recht – es war ein Unglück. Dein einziger Sohn ist nun verkrüppelt und er war doch die Stütze deines Alters. Jetzt bist du ärmer als je zuvor."

Der Alte aber antwortete: „Ihr seid besessen vom Urteilen. Geht nicht so weit. Sagt nur, dass mein Sohn sich beide Beine gebrochen hat. Niemand weiß, ob dies ein Unglück oder ein Segen ist."

Es begab sich, dass das Land nach einiger Zeit in einen Krieg verwickelt wurde. Alle jungen Männer des Ortes wurden zum Militär eingezogen. Nur der Sohn des alten Mannes blieb zurück, weil er nicht kämpfen konnte. Der ganze Ort war von Wehklagen erfüllt, weil dieser Krieg nicht zu gewinnen war. Man wusste, dass die meisten jungen Männer nicht nach Hause zurückkehren würden.

Die Menschen kamen zu dem alten Mann und sagten: „Du hattest wieder Recht, alter Mann. Das Unglück hat sich tatsächlich als Segen erwiesen. Dein Sohn ist zwar verkrüppelt, aber immerhin ist er noch bei dir."

„Ihr hört nicht auf zu urteilen", erwiderte der alte Mann. „Niemand weiß, was kommt. Sagt nur, dass man eure Söhne in die Armee eingezogen hat und dass mein Sohn nicht eingezogen wurde. Lernt, die Dinge aus höherer Warte zu sehen! Dann werdet ihr ganz von selbst aufhören zu urteilen."

Das Æon fordert uns auf, unsere Antennen für kosmische, Zeit und Raum überschreitenden Zusammenhänge zu öffnen. Es sagt uns, dass wir auf dem richtigen Weg sind – auch dann, wenn wir noch nicht alle Zusammenhänge erkennen und verstehen. Wir erhalten die Botschaft, dass sich unser Leben nach einem kosmischen Plan entfaltet. Mit dieser Erkenntnis wissen wir, dass wir uns im Einklang mit dem Fluss des Lebens befinden. In dem Maß, wie wir unsere begrenzte Erfahrungswelt (den „Mikrokosmos") in Beziehung setzen zu den unzähligen Parallelebenen des Universums, (dem „Makrokosmos"), erweitert sich unser Blick für die große Realität. So überwinden wir die Illusion der Getrenntheit. Wir werden bereit für den Adlerflug unseres Bewusstseins und wachsen über die Begrenzungen unserer Frosch-Perspektive hinaus.

Originalbezeichnung im Englischen: *The Æon*

XXI Das Universum

Stichworte

Abschluss der Transformation große Vollendung
Eins-Sein mit allem das ganze Universum gibt Rückenwind
im Einklang sein mit dem Ganzen Vertrauen ins Ganze
Unterstützung auf allen Ebenen alle Energien tragen dich
kosmische Erfahrungen Tanz der Befreiung
innere Freiheit Grenzenlosigkeit
klares JA bedingungsfreie Liebe
, große Ganze ist in uns und in allem
grenzüberschreitende innere und äußere Reisen

Die wichtigsten Symbole

Dem **Erdelement** und dem Planeten **Saturn** zugeordnet.

Die **nackte Frau** tanzt den Tanz ihrer großen Befreiung. Durch das **Auge des Horus** (rechts oben) sieht sie sich und die Welt so, wie sie wirklich sind. Alle Verkleidungen, alle Masken sind unnötig geworden. Mit der **Sichel** in ihrer rechten Hand durchschnitt sie das Netz der Illusionen.

Die **riesige Schlange** der Transformation durch Prüfungen und Herausforderungen ist besiegt und machtlos. Durch Bewusstwerdung und Erkenntnis verlieren Verführungen ihre Macht. Die **Cherubinen**, Symbole der vier Elemente (Erde, Wasser, Luft und Feuer) blasen den alles durchdringenden göttlichen Geist in die vier Himmelsrichtungen.

Vertiefung

Das Universum existierte, ehe du geboren wurdest. Es wird weiter existieren, wenn du diese Lebensspanne vollendet hast. Es ist jenseits von Zeit und Raum. Mit unseren Sinnen und Gedanken können wir nur einen kleinen Bruchteil seiner Unermesslichkeit erfassen. Es liegt weit jenseits unserer Vorstellungskraft. Die Weisen aller Zeiten sagten schon immer, was Wissenschaftler heute zunehmend bestätigen: Alles in diesem Universum ist mit allem anderen verbunden, alles ist **eins**.

Das trifft auch auf dich und dein Leben zu. Es ist Teil des Universums und die Informationen des Ganzen ist in dir, in deinem Körper und deinem Bewusstsein enthalten. Unser Verstand kann und muss dies nicht erfassen, denn er ist seiner Natur gemäß begrenzt. Etwas in dir, dein Sein, ist jedoch grenzenlos. Sobald du dir das bewusst machst, bist du in Kontakt mit derselben Kraft und Intelligenz, die sich im Universum ausdrückt. Menschen, die dies erleben, sagen übereinstimmend:

„Ich bin Es, das unteilbare Universum!
Ich bin nicht getrennt vom Ganzen.
Alles ist Teil von mir
und gleichzeitig in mir enthalten."

Einen solchen Einblick nennt man auch Selbsterkenntnis oder Erleuchtung. Das höchste Potenzial der Karte *Das Universum* mündet in dieser Erfahrung. Doch sie gibt dir auch Hinweise für dein ganz praktisches Leben.

Wenn du diese Karte gezogen hast, kannst du davon ausgehen, dass die Welt dir offensteht. Bemühungen können zu einem glücklichen Abschluss kommen, denn du bist mit den Kräften des Universums im Einklang. Wenn du etwas planst oder unternimmst, kannst du mit der Unterstützung durch das Leben rechnen. Du hast allen Grund aufzuatmen, zu entspannen und allem gelassen entgegenzusehen. Was du jetzt erlebst, gehört zu deinem Lebensplan.

Originalbezeichnung im Englischen: *The Universe*

Übergang und Vollendung

Die letzten fünf Karten schließen den Kreis des Lebens. Man kann sie mit „Übergang und Vollendung" überschreiben. Das Materielle hat seine vorrangige Wichtigkeit verloren, das Spirituelle, die geistige Neugeburt tritt in den Vordergrund.

Die Karte *Der Stern* fordert dazu auf, sich den kosmischen Ideen zur Verfügung zu stellen. So können wir sie ungehindert in ihrer Reinheit durch uns zur Erde fließen lassen. Geprüft und getestet durch die Verunsicherungen und Identitätskrisen, werden sie in der Karte *Der Mond* neu geboren, um schließlich klar und hell, aus sich selbst heraus wie *Die Sonne* zu strahlen.

Mit dem Satz: „Und Gott sah, dass alles gut war", endet die Schöpfungsgeschichte der Bibel. Um das erkennen zu können, hat Gott die Sichtweise des *Æons* eingenommen. Der Blick aus göttlicher Perspektive schaut immer hinter die Fassaden der materiellen Oberfläche.

Die letzte Karte im Kreis, *Das Universum* bringt schließlich die Vollendung und die Bestätigung: Alles ist gut, so, wie es ist.

Übung mit den Karten der Großen Arkana: „Der Diamant“

Bei der Übung „Der Diamant“ geht es um das Praktizieren dessen, was du bisher gelernt hast. Du verwendest ausschließlich die 22 Karten der Großen Arkana. Lege dir ein Notizbuch bereit.

- Lege die Karten aufgedeckt vor dich hin, so dass jede Karte sichtbar ist.
- Schaue dir alle Karten an und wähle zwei davon.
- Karte **1** ist deine Lieblingskarte. Sie repräsentiert das, was dich bewusst anzieht, was du aus tiefstem Herzen sein oder verwirklichen möchtest. Wir nennen diese Karte **Lichtkarte**.
- Karte **2** ist eine Karte, die dir unsympathisch ist, vor der du vielleicht sogar Angst hast. Sie zeigt dir etwas, das in dir noch nicht angenommen oder integriert ist. Etwas, das du unbewusst ablehnst, um es nicht erfahren zu müssen. Wir nennen diese Karte **Schattenkarte**.
- Lege die Karten in der unten aufgeführten Form. Die Karte **1** und **2** werden offen hingelegt.

- Mische nun die restlichen 20 Karten und breite sie unaufgedeckt in einem Fächer vor dir aus. Ziehe daraus zwei weitere Karten, die Nummer **3** und **4**, die mit der Rückseite nach oben in das dargestellte Legemuster eingefügt werden.
- **Notiere dir zu Karte 1 Folgendes:** Weshalb hast du sie gewählt? Was fasziniert und begeistert dich an dieser Karte? Welche Assoziationen verbindest du mit ihr? Weshalb ist gerade sie deine Lieblingskarte?
- **Notiere dir zu Karte 2 Folgendes:** Weshalb ist dir diese Karte so unsympathisch? Welche Gefühle verbindest du mit ihr? Welche Ängste löst diese Karte in dir aus?

Lasse dich ganz auf die Gefühle deiner Licht- und Schattenkarte ein und notiere dir sorgfältig, was diese Karten in dir bewegen.

- Anschließend wird Karte **3** aufgedeckt. Sie zeigt dir die **hilfreichen und unterstützenden Kräfte**, um die Themen im Zusammenhang mit Karte **2** zu transformieren. Sie kann dich auch darin unterstützen, dein Ziel von Karte **1** zu erreichen.

Notiere dir alle Impulse, Ideen, Gefühle und Empfindungen, die du beim Betrachten von Karte **3** in dir wahrnimmst.

- Dann deckst du Karte **4** auf. Sie zeigt dir den **nächsten Schritt** in deiner Entwicklung. Etwas, das du in der Tiefe erkennen und entwickeln sowie praktisch umsetzen möchtest.

Schreibe alles auf, was dir beim Betrachten dieser Karte in den Sinn kommt. Wichtig sind auch hier die in dir auftauchenden Gefühle. Sie zeigen dir den nächsten Schritt.

- Wenn die Karten **3** und **4** aufgedeckt sind und du dir alles notiert hast, wird **Karte 5 als Quintessenz errechnet**. Zähle die Ziffern der vier Karten zusammen und bilde die Quersumme daraus. Sollte die Quersumme höher als 22 sein, bilde auch aus diesen beiden Ziffern noch einmal die

Quersumme. Ist die Quersumme genau 22, dann steht die Karte *0 Der Narr* für diese Zahl.

- Suche die Karte aus dem Stapel der restlichen Karten und lege sie an ihren Platz. Schaue sie dir genau an und notiere dir, was die Karte für dich bedeutet.

Sollte die Quintessenz eine der bereits liegenden Karten **1** bis **4** sein, dann ist diese Botschaft doppelt wichtig für dich. Sollte die Quintessenz die Schattenkarte sein (Karte **2**), ist eine Begegnung mit dem eigenen inneren Schatten, mit einer tiefsitzenden Angst nötig. Da ist etwas noch nicht Vertrautes in dir, das integriert werden möchte.

Zusammenfassend noch einmal die Bedeutung der fünf Karten:

1 = Lichtkarte Sie repräsentiert dein Ideal, deinen Wunsch, dein Sehnen. Der Satz zur Lichtkarte lautet: „Das möchte ich voll und ganz sein und verwirklichen."

2 = Schattenkarte Etwas, das in dir noch nicht vollkommen angenommen und integriert ist. „Das möchte ich lieber nicht erleben", „Das macht mir Angst."

3 = Hilfreiche, unterstützenden Kräfte. „Das hilft mir", „Das unterstützt mich."

4 = Der nächste Schritt in meiner Entwicklung. „Das will ich in der Tiefe erkennen", „Das will ich entwickeln und praktisch umsetzen."

5 = Quintessenz: Die Zahlen der Karten 1 bis 4 addieren und die Quersumme bilden. „Das ist die Absicht meiner Seele", „Das wird immer wieder wichtig für mich sein."

Diese Übung kannst du immer dann praktizieren, wenn du an größeren Kreuzungen deines Lebens stehst und Unterstützung von deiner Inneren Weisheit und Führung haben möchtest.

Die Kleinen Arkana

Einführung in das Element Erde

Das Element Erde, ein weibliches Element, wird symbolisiert durch die Karten der Scheiben.

Gebet an Mutter Erde

Lass mich sein, wie die Erde ist.
Von Anbeginn der Zeit ist alles gestorben und zu Erde geworden. Und doch ist die Erde die Mutter allen Lebens.
Die Erde fragt nicht, ob der Sämann gerecht oder ungerecht ist, sie nimmt an, gibt Kraft und lässt gedeihen und wachsen.

Lass mich sein, wie die Erde ist.
Lass mich wie die Erde annehmen, wo man mir gibt, und tausendfach zurückgeben, was ich bekommen habe.
Die Erde ist verwandelbar, sie ändert sich Stunde um Stunde, Tag um Tag und bleibt doch gleich.
Die Einsamkeit der Wüste und der Berge schafft Abstand zu den lärmenden und glitzernden Dingen dieser Welt und gibt Klarheit und Ruhe.

Lass mich sein, wie die Erde ist,
klar und ruhig.
Lass mich verwandelbar sein,
wie die Erde ist.

Das Erdelement repräsentiert den Körper, Ernährung, Wohnen, Kleidung, Geld und materiellen Besitz. Erde schenkt uns die Qualitäten von Festigkeit, Verwurzelung, Sicherheit, Beharrlichkeit, Konstanz, Ordnung, Standfestigkeit, Stabilität, Naturverbundenheit. Der Planet Erde gibt uns Heimat und Nahrung. In Körpern aus Knochen, Fleisch und Blut haben wir die Möglichkeit, Erfahrungen mit sinnlichem Erleben in der Materie zu sammeln.Wir können das Erd-Potenzial von Substanz, Festigkeit, Ausdauer und Formbarkeit optimal zu unserer Selbstverwirklichung nutzen. Es braucht unsere Bereitschaft, uns auf die Schönheit, Vielfalt, Urwüchsigkeit und Kraft der irdischen Formen einzulassen.

Anrufung des Erdelements

Geliebte Kraft des Erdelementes!
Ich lade dich jetzt ein, dich mir zu zeigen,
so dass ich dich erleben und fühlen kann.
Ich bin jetzt bereit, dir innig zu begegnen.

Ich lade dich ein, all das in mir zu heilen
und zu harmonisieren, was in meinem Menschsein
auf Heilung und Befreiung wartet.

Danke, dass du mich trägst.
Danke für all die Geschenke, die du an jedem Tag
meines Lebens für mich bereithältst.
Danke für meinen Körper, mit dem ich
menschliche Erfahrungen machen kann.
Danke für die üppige Nahrung, die meinen Körper erhält.
Danke für deine Vielfalt und Schönheit.
Danke, dass ich immer all das bekomme,
was ich brauche und was mir dient.

Achte nun erneut auf deinen Atem und spüre deinen ganzen Körper von innen her, von den Fußsohlen bis zum Scheitel. Spüre die Festigkeit und das Gewicht deines Körpers, und schenke es nach unten hin zur Erde. Erlebe dich auf diese Weise verbunden und eins mit dem Erdelement.

Stichworte zu den Karten des Erdelements

Manche Zahlenkarten – und das gilt für alle Elemente – zeigen das Element in Balance und als Potenzial oder in Dysbalance und als Schattenaspekt bzw. in einem herausfordernden Aspekt, der nach Transformation ruft.

Zusätzlich zu den Zahlenkarten der Scheiben sind auch noch fünf Große Arkana dem Erdelement zugeordnet. Es sind dies:

Die Kaiserin: Dem Planeten Venus zugeordnet. Als irdische Frau und Mutter ist sie dem Erdelement zugeordnet. Sie repräsentiert u.a. die Schönheit von Farben und Formen.

Der Hierophant: Dem erdigen Sternzeichen Stier zugeordnet. Die braunen Erdtöne und die Symbole von Stier und Elefant weisen darauf hin, dass es seine Aufgabe ist, das Göttliche auf die Erde zu bringen.

Der Eremit: Dem erdigen Sternzeichen Jungfrau zugeordnet. Das Ährenfeld zeigt die Zeit der Ernte, das Einholen der Früchte der Erde.

Der Teufel: Dem erdigen Steinzeichen Steinbock zugeordnet. Er repräsentiert die Meisterschaft im Umgang mit dem Erschaffen von Werken und Strukturen.

Das Universum: Dem Planeten Saturn zugeordnet. Es enthält alle vier Elemente. Wir haben uns entschieden, diese Karte dem Erdelement zuzuordnen, weil der Planet Saturn die Gesetzmäßigkeiten der irdischen Strukturen repräsentiert.

Beim Erdelement wollen wir mit einigen wenigen Stichworten auf die Numerologie der Zahlen 1 bis 10 eingehen. Diese Erläuterungen gelten selbstverständlich auch für alle Karten der anderen drei Elemente.

Ass der Scheiben

Stichworte

DIE Karte des inneren und äußeren Reichtums
den Himmel auf die Erde bringen die Erde lieben und feiern das irdische Leben dankbar annehmen und genießen Meisterschaft in körperlichen und materiellen Angelegenheiten innerer und äußerer Reichtum großer Erfolg Heilung

Die wichtigsten Symbole

Die Symbole des *Ass der Scheiben* sind kreuzförmig angeordnet: Die Vereinigung des Vertikalen mit dem Horizontalen zeigt die Verbindung von Geist und Materie, Himmel und Erde. Die Flügel und Federn zeigen die Leichtigkeit des Geistes. Die Farben der Erde sind grün und braun. Das Element Erde wird vom Luftelement (Flügel) und der Kraft des Geistes durchdrungen und befreit.

Die Jahresringe auf den Holzscheiben stehen für stetige Entwicklung. Die Zahlen 666 und 1 in den drei kleinen Kreisen zeigen das transformierte, befreite Potenzial der Erde. Die dreifache 6, Zahl der unfreien Materie, wird durch die 1, Zahl der Individualität und Einheit, erlöst. Ihre Quersumme ist 19, die Zahl der Sonne in den Großen Arkana.

Vertiefung

Beim Umgang mit der materiellen Welt, mit Körper, Geld und Besitz fallen Menschen oft in zwei Extreme: Überbetonung oder Missachtung. Bei einer Überbetonung dreht sich alles nur um das gute Aussehen, um die finanziellen Vorteile und den Besitz. Da ist ein übertriebenes Bedürfnis, sich sicher, wertvoll oder wichtig zu fühlen. Solche Menschen sind reine Materialisten. Sie sind gefangen in ihrer Anhaftung an den oberflächlichen Schein und beherrscht von der ständigen Angst, etwas zu verlieren. Mittellos zu sein bedeutet für sie, vollkommen wertlos zu sein. Sie sind innerlich arm, denn sie haben noch keinen tieferen Wert gefunden. Sie leiden an Minderwertigkeit und Angst.

Dem anderen Extrem, der Missachtung des Materiellen, liegt eine weitere Angst zugrunde: Die Angst vor Verbindlichkeit und dem Sich-Einlassen. Solche Menschen befürchten, ihre persönliche Freiheit zu verlieren oder sie fühlen sich zutiefst unfähig, mit den Spielregeln der materiellen Welt fertig zu werden. Oft sind sie Idealisten, die sich von den Durchschnittsmenschen abheben wollen und für eine bessere Welt eintreten. Doch durch ihr abgehobenes, realitätsfernes Verhalten entfremden sie sich weiter von den Verhältnissen, die sie verändern wollen. Sie leiden an ihrer Isolation und an ihrer Unfähigkeit, Nähe und Liebe zu erleben. Vielleicht kennst du diese beiden Seiten auch als Teile von dir, mit einer Tendenz in die eine oder andere Richtung. Das *Ass der Scheiben* lädt dich ein, deinen Idealismus und deine Freiheitsliebe mit der Liebe zu deinem Körper und der materiellen Welt zu verbinden. Freue dich an allem Schönen und Angenehmen, das die Erde zu bieten hat, ohne dein Herz daran zu binden. Genieße deinen Körper und alle Freuden, die er dir ermöglicht, ohne dich darin zu verlieren. Sorge gut für dich, und sei achtsam und liebevoll mit dir und allem, was dich umgibt.

Öffne dich für ein tiefes Verständnis, wie die Welt der Formen und Erscheinungen ständig aus dem Geist hervorgeht und von Ihm durchdrungen ist. Höchste Freude und Liebe haben alles hervorgebracht und es ist da, damit auch du lernst, dich in Liebe und Freiheit zu erfreuen.

Originalbezeichnung im Englischen: *Ace of Disks*

Die **1** ist die Zahl der **universellen Einheit und Ganzheit**. Sie ist das **Ass** des jeweiligen Elements. Es zeigt das Element in seiner **göttlich-vollendeten Form**.

Zwei Scheiben - Wechsel

Stichworte

Stetige Schritte mit großer Beharrlichkeit
zu etwas Besserem, speziell in der materiellen Welt
alles ist im Wandel
harmonischer Wechsel/Übergang
langsame Veränderung zum Guten

Die wichtigsten Symbole

Die **große Schlange**, Symbol der Erneuerung, ist in Form einer 8 (Lemniskate) dargestellt, die, seitlich gesehen, auch das Unendlichkeitszeichen sein kann. Dies deutet auf immerwährende Veränderung hin. In den beiden Kreisen der 8 befinden sich Scheiben in Form des chinesischen **Yin-Yang-Zeichens**, Symbole des Ausgleichs und der Harmonie. Schwarz unten und Weiß oben zeigen die Vereinigung von Gegensätzen und das Zusammenwirken von unbewussten und bewussten Kräften.

Die goldene Krone auf dem Kopf der Schlange weist darauf hin, dass Weisheit aus Erfahrungen hervorgeht.

Vertiefung

Alles in deinem Leben verändert sich ständig und nichts bleibt so, wie es war. Sich dabei manchmal etwas verunsichert zu fühlen, ist ganz natürlich. Mache dir einfach bewusst, dass es keine wirkliche Sicherheit geben kann, da ständiger Wandel dich unaufhörlich ins Unbekannte voranträgt. Wenn du das ganz tief begreifst, ist es dir möglich, in die Unsicherheit und das Nichtwissen einer Veränderung hineinzuentspannen. Dabei kannst du vielleicht eine ganz neue Dimension innerer Ruhe und Geborgenheit erleben. Tief in dir fühlst du, dass sich alles zum Besten wendet, je bereitwilliger du loslässt und dich dem ständig vorwärts strömenden Fluss des Lebens anvertraust.

Die Eine Kraft, die das ganze Universum durchdringt, leitet auch gemäß einem inneren Plan den Verlauf deines Lebens. Du bekommst immer die Erfahrungen und Lektionen, die du brauchst, um zu lernen und zu wachsen. Selbst, wenn diese mitunter schmerzhaft sind, tragen sie doch zu deiner vollständigen Entwicklung bei. Manchmal erkennen wir es erst im Nachhinein. Dann siehst du immer klarer die wertvollen und hilfreichen Fügungen in den Ereignissen und Wandlungen des Lebens.

Originalbezeichnung im Englischen: *Change*

Die **2** ist die Zahl der **Dualität**. Sie repräsentiert die Begegnung mit dem Du und der **Welt der Gegensätze**.

Drei Scheiben - Werke

Stichworte

Engagement Einsatz von Interesse und Kraft
bereitwilliges Arbeiten die Mühe lohnt sich
stetiger Fortschritt

Die wichtigsten Symbole

Die drei Räder symbolisieren Körper, Geist und Seele, die bei einer erfüllenden Arbeit gleichermaßen beteiligt sind. Durch die Kristallisation aller Kräfte entstehen sichtbare Ergebnisse (Kristallpyramide). Die dadurch entstehende Klarheit öffnet den Himmel und vertreibt die Umwölkung schwerer Gedanken.

Vertiefung

Arbeit ist für viele Menschen eine unangenehme Notwendigkeit des Überlebens. Deshalb gehen sie dieser lästigen Pflicht ohne Lust und Liebe nach. Ein zentraler Teil ihres Lebens wird damit zur Bürde, die unwillig wie eine Sklaverei ertragen wird. Das ist leider ein Schattenaspekt von Arbeit in unserer Welt. Die Tarotkarte *Werke* zeigt dir jedoch die Möglichkeit eines Engagements, das dich vollkommen beseelt und beflügelt, weil dein ganzes Wesen daran beteiligt ist. Dein Herz geht dabei auf, dein Interesse erwacht, du bist ganz da, weil du es liebst und es dir Spaß macht.

Dabei können durchaus auch Herausforderungen oder mühevolle Phasen auftauchen. Doch du nimmst sie gerne an und arbeitest dich unbeirrt durch alle Schwierigkeiten hindurch. Dein Einsatz ist total, deine Liebe stärkt deinen Willen und beflügelt deine Kraft. Du schenkst dich voll und ganz dem Leben. Deine so geschaffenen Werke bestätigen dein Engagement und du bist allen Beteiligten dankbar, dass sie zu dieser Möglichkeit deines kreativen Selbstausdrucks beitragen.

Suche mit vollem Einsatz nach solchen Betätigungsfeldern – nicht nur in deiner Berufswahl, sondern auch in deiner Freizeit. Es lohnt sich! Und mit jedem mutigen Schritt in eine solche Richtung fühlst du eine innere Kraft in dir wachsen, die dich deiner Bestimmung näherbringt und ein ganz fundamentales Bedürfnis in dir erfüllt: deine Selbstverwirklichung. Folge konsequent der Spur deiner Liebe und Freude!

Originalbezeichnung im Englischen: *Works*
Frühere Bezeichnung: *Arbeit*

Die **3** ist die Zahl des **Göttlichen**, der **Dreieinheit**.

Vier Scheiben - Macht

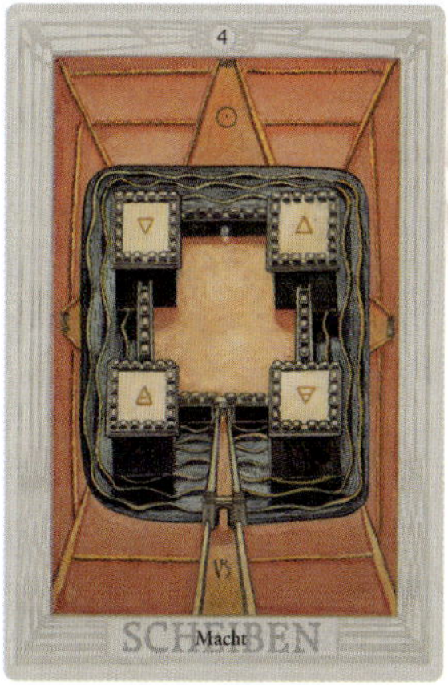

Stichworte

Bedürfnis nach Sicherheit
feste Strukturen Stabilität
sich schützen und abgrenzen
Entscheidung zwischen dunkler Macht oder der Macht der Liebe

Die wichtigsten Symbole

Die vier Scheiben sind in quadratischer Form wie vier Ecktürme einer Festung angeordnet. Sie tragen die Zeichen der vier Elemente (Erde, Wasser, Feuer, Luft). Dies zeugt von Festigkeit, Stärke und Geschlossenheit auf allen Ebenen. Auch der Wassergraben zeigt, dass die Emotionen dazu eingesetzt werden, um Abstand und Sicherheit herzustellen.

Vertiefung

In unseren Lebenserfahrungen hat „Macht“ immer zwei unterschiedliche Seiten, je nachdem, wofür sie dient. Sie kann Menschen versklaven und tyrannisieren, sie kann aber auch im Dienst von Liebe und Klarheit viel Gutes bewirken. Es kommt immer auf das Bewusstsein desjenigen an, der sie einsetzt.

Die dunkle Seite der Macht erwächst aus der Illusion von Getrenntheit, die Angst und Unsicherheit zur Folge hat. Ein Mensch, der sich auf einer essentiellen Ebene vom Großen Ganzen getrennt erlebt, fühlt sich tief innen verloren, verlassen, isoliert und sehr unsicher. Sein Herz ist verschlossen und er muss mit allen Mitteln versuchen, das ihm Fehlende durch Macht und Kontrolle zu kompensieren. Doch ganz gleich, wie mächtig er auch erscheinen mag: Er strebt nach immer neuer Macht, denn sie ist nie genug. Die innere Unsicherheit und die Trennung nagen weiter in ihm.

Eine ganz andere Art von Macht steht einem Menschen zur Verfügung, der seine grundsätzliche Einheit mit allem erkannt hat. Allein der Gedanke an die Möglichkeit einer solchen All-Verbundenheit entspannt und weitet uns. Geborgenheit stellt sich ein. Anstatt gegen das Leben zu kämpfen, fühlen wir uns von ihm unterstützt und getragen. Daraus erwächst eine Macht der Liebe, die sich angstfrei, mitfühlend und warmherzig den Menschen zuwendet.

Natürlich gibt es Situationen, in denen es stimmig oder sogar notwendig ist, sich klar abzugrenzen. Doch es macht einen entscheidenden Unterschied, ob wir dabei unser Herz verschließen und uns an den anderen rächen wollen oder ob wir aus Liebe zu uns selbst einer inneren Klarheit folgen. Dann können wir Nein sagen, während unser Herz offenbleibt. Indem wir unsere Integrität schützen, gestatten wir auch dem anderen, auf seine eigene Weise durch Erfahrung zu lernen.

In diesem Sinne kann die Aussage der Tarotkarte ambivalent sein, wenn sie erscheint. Dann frage dich: Fühlst du dich in deinem Leben oder bei diesem Thema, wofür du die Karte ziehst, eingeengt? Oder brauchst du im Gegenteil noch mehr Struktur? Denn eine Festung, eine Struktur ist ja auch eine Sicherheit für das Leben, das sich in dieser Festung entfalten kann.

Manche Menschen haben in ihrem Leben ein Übermaß an zu festen Grenzen, sie sind sehr begrenzt. Und anderen wiederum fehlt eine Struktur, eine Sicherheit im Außen. Dann sagt diese Karte: Hey schau mal, dass du dich für mehr Struktur und Festigkeit in deinem Alltag öffnen kannst. In diesem ambivalenten Aspekt ist sie verwandt mit der Karte *Vier Kelche*.

Originalbezeichnung im Englischen: *Power*

Die **4** ist die Zahl der **Materie**, des **Erdelements**.

Fünf Scheiben - Sorge

Stichworte

Angst, Fehler zu machen

Angst vor schmerzhaften Konsequenzen

fehlender Selbstkontakt – der Verstand versucht, die Situation zu lösen, fühlt sich aber hilflos und unfähig

Pessimismus **Existenzangst** Sorgen

problematische Kommunikation

vergebliche Anstrengungen **das Leben wird zur Qual**

Die wichtigsten Symbole

Die Fünf Scheiben sind in Form eines Pentagramms (Fünfsterns) mit der Spitze nach unten angeordnet. Das innere Gleichgewicht ging verloren und es ist Zeit, den eigenen Schatten zu begegnen. Die Symbole auf den Scheiben können etwa so gedeutet werden:

1. **Schwarze Ellipse:** Schwarzes Loch, kein Ausweg, Hoffnungslosigkeit.

2. **Blauer Kreis:** Die innere Stimme mahnt, etwas zu unternehmen; problematisch ist die Untätigkeit, während man pessimistisch weiter grübelt.
3. **Rotes Dreieck:** Die eigene Kraft ist blockiert; alle Anstrengungen sind vergeblich.
4. **Gelbes Quadrat:** Die Gedanken bemühen sich immer noch um einen Ausweg, eine Lösung, einen Durchbruch.
5. **Hellblauer Mond:** Die Situation berührt dich in der Tiefe. Es geht dir unter die Haut. In deinem Inneren wartet die Lösung. Insgesamt zeigen die düsteren Farben die pessimistische Grundhaltung. Doch das Goldgelb des Sonnenlichts (Optimismus, Hoffnung) ist noch nicht ganz verschwunden und versucht weiter, die Düsternis aufzubrechen.

Vertiefung

Wenn all unsere verzweifelten Anstrengungen zu keinem wirklichen Erfolg führen, ist es an der Zeit, für eine Weile ganz loszulassen. Das Gesetz der Resonanz besagt, dass Unverständnis, Ablehnung und Widerstand, mit denen wir im Außen durch andere Menschen konfrontiert werden, auch in uns selbst ihre Entsprechungen haben. Wie oben, so unten; wie außen, so innen!

Erst, wenn wir die Ursachen für äußeres Missgeschick in uns selbst erkannt haben, kann sich in unserem Leben etwas Grundsätzliches ändern. Ja, die äußeren Hindernisse sind sogar ein wertvoller Spiegel. Ohne sie würden wir gar nicht merken, was in uns nicht stimmt. Sobald wir jedoch den unterbrochenen Kontakt zu unseren inneren Tiefen wieder aufnehmen, stellt sich sofort ein tieferes Verständnis ein, das uns erleichtert und entspannt. Dadurch sind wir erneut in der Lage, den entsprechenden Kontakt nach außen herzustellen und können – frei von Erwartungen und Erfolgsdruck – auf andere Menschen zugehen. Sobald wir in Harmonie sind, kommt auch das Leben wieder in Fluss.

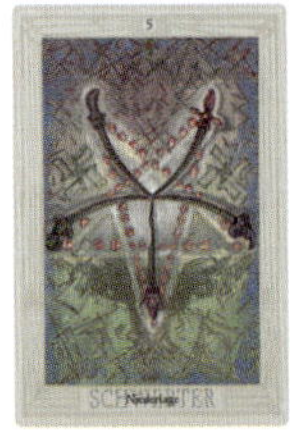

Wir haben hier die Zahl **Fünf**, die die Zahl des Menschen symbolisiert. Und bei den meisten Menschen, die sich noch nicht selbst gefunden haben, ist die Qualität ihres Lebens sehr anfällig für Störungen. Deshalb werden wir bei allen Tarotkarten in allen Elementen immer die Karte Fünf aus der Balance vorfinden. Und auf jeder Karte wird der Fünfstern mit der Spitze nach unten dargestellt. Zeigt der Fünfstern mit der Spitze nach oben, stellt er das Pentagramm dar, ein Kraftsymbol für Wohlstand und Gesundheit. Wenn dieser Fünfstern umgedreht wird und mit der Spitze nach unten zeigt, wird die positive Kraft des Pentagramms in eine negative Energie, in den Drudenfuß verwandelt. Erscheint eine solche Karte, ist sie eine kraftvolle Aufforderung an dich, zu prüfen, in welche negativen Gedankenstrukturen und Gefühle du dich verstrickt hast. Gleichzeitig fordert sie dich auf, alle Sorgen loszulassen und eine klare Entscheidung für das Leben zu treffen.

Originalbezeichnung im Englischen: *Worry*
Frühere Bezeichnung: *Quälerei*

Die **5** ist die Zahl des **Menschen**. Sie ist sehr anfällig für Störungen, die aus der Illusion der Trennung hervorgehen. In diesem Tarot-Deck ist die **Karte 5** in jedem Element stets außer Balance. Solche Karten nennen wir **Transformations-Karten**.

Sechs Scheiben - Erfolg

Stichworte

Vollkommenes Gelingen **harmonische Ergänzung aller Kräfte**
glücklicher Ausgang von Unternehmungen **Erfolg**

Die wichtigsten Symbole

Die sechs Scheiben sind harmonisch angeordnet und kreisen – wie Planeten – um das Zentrum mit der Rose und dem Kreuz. Das Rosenkreuz versinnbildlicht hier den Prozess von Schöpfung und Manifestation. Das Wesentliche, dargestellt durch das Kreuz im Hintergrund, entfaltet sich wie eine Rosenblüte und wird in der äußeren Welt sichtbar.

Die Zeichen der Himmelskörper auf den sechs Scheiben zeugen von den verschiedenen Kräften, die alle zu Glück und Erfolg beitragen:

1. **Mond** – durch Intuition und die Kräfte des Unbewussten;
2. **Merkur** – durch klare, offene Kommunikation;

3. **Mars** – durch Tatkraft und zielgerichtete Energie;
4. **Saturn** – durch Sorgfalt, Umsicht und Beharrlichkeit;
5. **Jupiter** – durch Bereitschaft zu Risiken, durch Offenheit für freudige Überraschungen und glückliche Wendungen;
6. **Venus** – durch das Schöne, Sinnliche und Genussreiche, das zu wahrem Erfolg dazu gehört.

Vertiefung

Erfolg zu haben ist schön, denn es bedeutet, das zu erreichen, was du dir am meisten wünschst. Deshalb ist es ganz natürlich, ihn zu genießen, wenn er sich einstellt. Erfüllt sich ein Wunsch oder erreichst du etwas Wichtiges im Leben, so bist du für eine Weile wunschlos – und daher glücklich. Denn Glück und Erfolg gehören zu deiner Natur. Was für dich Erfolg bedeutet, hängt von deinen persönlichen Werten ab. Man kann ihn in besonderen Leistungen, in der Liebe, in Form von Geld und Besitz oder in neuen Erfahrungen und Erkenntnissen usw. suchen. Du selbst entscheidest immer, was für dich wichtig und bedeutungsvoll ist, worüber du dich freust, was du am meisten genießt. Erfolg ist das, was erfolgt, wenn wir uns für etwas einsetzen, das unser Leben lebenswert macht. In dem Maße, wie wir dabei in Einklang mit unserem tiefsten Wesen sind, werden sich alle Kräfte – im Innen wie im Außen – miteinander verbünden, um uns zu wahrem Erfolg zu verhelfen.

Originalbezeichnung im Englischen: *Success*

Die Zahl **6** enthält zweimal eine 3. Sie repräsentiert die **göttliche Harmonie**. Ein Sechseck besteht aus zwei Dreiecken, eins mit der Spitze nach oben, das andere mit der Spitze nach unten. Dies ergibt ein harmonisches Gleichgewicht.

Sieben Scheiben - Fehlschlag

Stichworte

Angst vor Misserfolg und Mangel
Existenzangst Pessimismus
Blockaden und Widerstände
unüberwindlich erscheinende Hindernisse

Die wichtigsten Symbole

Vier der sieben Scheiben tragen das Symbol des Saturn, drei von ihnen das Zeichen des Stiers. Saturn, die hemmende Kraft, überwältigt das Vorwärtsdrängen des Stiers und wirkt wie eine unüberwindbare Blockade. Die Energie kann sich nicht bewegen und staut sich schwer und bleiern.

Der blauschwarze Hintergrund zeigt an, dass ängstliche und pessimistische Gedanken und Gefühle so lange eine entsprechende materielle Realität hervorbringen können, bis das Licht einer neuen, tiefen Erkenntnis den Bann bricht.

In der *Sieben Scheiben* treffen sich die Drei und die Vier: Das Göttliche und das Materielle. Die Anordnung der Scheiben, vier Scheiben als Quadrat unten und drei als Dreieck oben, welches jedoch mit der Spitze nach unten zeigt, deutet auf eine Identifikation mit dem Materiellen. Daher rührt auch das Festgefahrensein und die Angst vor einem Fehlschlag.

Vertiefung

Diese Karte ist ein ernst zu nehmender Hinweis auf vorhandene bewusste oder unbewusste Ängste. Wenn du nicht spontan erkennst, worum es sich dabei handelt, bist du eingeladen, dich etwas tiefer zu erforschen. Kannst du dich noch an angsterfüllte Träume erinnern? Mit welchem Grundgefühl wachst du morgens auf? Was empfindest du, wenn du an Schule, Arbeit oder Prüfungen denkst? Bedrückt dich etwas im Zusammenhang mit Familie, Beziehungen, Gesundheit oder Geld? Kennst du Existenzängste, die bange Erwartung, etwas Lebenswichtiges nicht zu bekommen oder zu verlieren? Schmerzhafte Erfahrungen können Teil des menschlichen Lebens sein. Die Angst vor einem bedrohlichen Ereignis ist oft viel qualvoller als das tatsächliche Erleben. Das eigentliche Problem besteht vor allem darin, dass negative Erwartungen machtvolle Energien sind. Werden sie lange genug mit entsprechenden Emotionen genährt und aufgeladen, können sie früher oder später die befürchteten Ereignisse herbeiführen. Dies ist umso wahrscheinlicher, wenn sie nicht bewusst wahrgenommen und erkannt werden.

Dagegen verlieren bewusst gefühlte und tief erforschte Ängste sofort ihre unheimliche Macht. Wenn du ihnen auf den Grund gehst, entdeckst du am Ende fast immer eine Illusion, deren Nährboden fehlende Liebe ist. Sobald du die Teile in dir, die sich unsicher und bedroht anfühlen, liebevoll umarmst und annimmst, kommen sie zur Ruhe. Sie entspannen sich zufrieden wie kleine Kinder, die du zärtlich streichelnd in die Arme nimmst und an dein Herz drückst.

Sobald Angst von Liebe berührt wird, schmilzt sie dahin und verwandelt sich in Lebenskraft.

Originalbezeichnung im Englischen: *Failure*

Bei der Zahl **7** treffen sich die 3 und die 4, das **Göttliche** und das **Materielle**. Wenn das Dreieck des Göttlichen mit der Spitze nach unten dargestellt wird, deutet dies in diesem Fall darauf hin, dass die Identifikation mit der Materie (die 4) das Wirken des Göttlichen (die 3) verhindert.

Acht Scheiben - Umsicht

Stichworte

Vertrauen Geduld den Dingen Zeit lassen
Achtsamkeit Sorgfalt
Harmonie Entfaltung

Die wichtigsten Symbole

Ein Baum (eine Angelegenheit, ein Projekt) wächst heran und entfaltet seine Blüten (Potenziale der Freude, Liebe und Schönheit). Verborgene Möglichkeiten und Fähigkeiten werden sichtbar. Jede Blüte ist von einem großen Blatt umgeben, Hinweis auf Schutz und Fürsorge.

Die Erde in den Farben Grün und Rotbraun schenkt ihre Fruchtbarkeit und empfängt die Lebenskraft (Farbe Gelborange) aus dem Kosmos. Alles trägt zu einem harmonischen Wachsen und Erblühen bei.

Vertiefung

Dein Leben gleicht dem Wachstum einer starken Pflanze, die im Begriff ist, ihre Blüten zu entfalten. Alles verläuft harmonisch gemäß einem inneren Programm, das die einzelnen Entwicklungsschritte genau vorgibt. Wenn du jetzt nicht an destruktiven Gedanken und Gefühlen festhältst, wenn du vertrauensvoll entspannst und die Ereignisse auf dich zukommen lässt, wird sich alles mühelos und harmonisch fügen. Die Lektionen der *Acht Scheiben* sind Vertrauen und Geduld. Vertrauen ist keine naive Gutgläubigkeit. Ebenso wenig ist es eine Vogel-Strauß-Taktik, bei der man in brenzligen Situationen den Kopf in den Sand steckt, nichts sehen will und hofft, dass alles gut ausgeht. Das Wesen von Vertrauen ist eine Sache des Herzens, eine innere Kraft. Sie wird genährt von dem Wissen um die Güte und Weisheit einer universellen Intelligenz, die alles Leben durchdringt und lenkt.

Ganz konkret bedeutet Vertrauen die Gewissheit, dass alle deine Erfahrungen einen tieferen Sinn haben, den zu erforschen und zu erkennen du jetzt eingeladen bist. Nicht wissend, was die Zukunft bringt, kannst du dennoch davon ausgehen, dass sich alles zu deinem Wohle entfaltet, auch dann, wenn vieles ganz anders sein wird, als du es dir jetzt vorstellen kannst.

Geduld erwächst aus Vertrauen. Sie zeigt sich in einer inneren Ruhe und Gelassenheit, mit der du die Entwicklung der Dinge abwarten kannst, anstatt ängstlich unter Druck zu stehen, um möglichst alles zu kontrollieren. Ungeduld zeigt Mangel an Vertrauen, während Geduld die Tiefe deines Vertrauens zeigt.

Der Kartenname „Vertrauen“ würde noch besser passen, Vertrauen, dass sich alles in deinem Leben in seiner eigenen Zeit vollkommen entfaltet. Wenn die äußeren Umstände sich einstellen, wenn der Frühling kommt, wenn die Wärme kommt, dann wächst das Gras von allein. Wir brauchen nicht am Gras zu ziehen, dass es schneller wächst. Wir können darauf vertrauen, dass sich so wie in der Natur auch in unserem Leben alles vollkommen entfaltet.

Originalbezeichnung im Englischen: *Prudence*

Die **8** enthält zweimal die 4. Die 8 auf die Seite gelegt wird zur Lemniskate, einem Kraftsymbol für **Harmonie** und **Balance**.

Neun Scheiben - Gewinn

Stichworte

Gewinn durch Liebe Zuwachs Ergänzung reiches Geben und Empfangen

Die wichtigsten Symbole

Die drei Scheiben im Zentrum zeigen die Verbindung von Liebe (rosa), Kreativität (grün) und Weisheit (blau). Die zentrale, alles vereinende Kraft ist die Liebe, deren Farbe durch die anderen hindurch scheint.

Vertiefung

Wenn es Liebe ist, die Menschen in ungewöhnlichen Situationen und Konstellationen zusammenführt, dann können alle Beteiligten nur gewinnen. Deshalb lohnt es sich immer, dem Ruf der Liebe zu folgen. Dies ist oftmals weder sicher noch bequem, denn es wird immer Menschen geben, die dies beargwöhnen. Auch werden wir selbst mit unseren Grenzen konfrontiert, mit unserer Feigheit, unserem Egoismus, unserer Eifersucht usw. Doch nur Liebe hat die Macht, uns vollständig zu verwandeln und ungeahnte Kräfte und Fähigkeiten in uns zu erwecken. Eine solche Liebe führt uns über alle romantischen Ideen hinaus in eine Weisheit, Stärke und Kreativität, die wir uns selbst vielleicht nie zugetraut hätten.

Wenn Liebe Wunden und Ängste in uns berührt, kann sie durchaus auch wehtun. Die Macht der Liebe bringt unsere inneren Schatten ans Licht; dadurch reinigt und heilt sie uns. Nur, wer sich immer wieder neu für die Kraft der Liebe entscheidet, gewinnt im Spiel des Lebens und entfaltet seine höchsten Potenziale.

Originalbezeichnung im Englischen: *Gain*

Die **9** enthält dreimal die göttliche Zahl 3. Die Neun ist die letzte Zahl in der Zahlenreihe und repräsentiert die **Vollendung** bzw. den **Abschluss eines Zyklus**.

Zehn Scheiben - Reichtum

Stichworte

Reicher Austausch **wertvolle Kommunikation**
Geschenke **Dankbarkeit**
innerlich und äußerlich reich

Die wichtigsten Symbole

Die zehn gelb-grünen Münzen sind in der Form des Lebensbaumes angeordnet (vgl. *Zehn Kelche*). Gelb steht für Gedankenkraft, Grün für Kreativität. Die Kombination gelb-grün zeigt, dass Gedankenkräfte schöpferisch wirken und Reichtum hervorbringen können.

Die alten Symbole auf den Münzen haben alle merkurischen Charakter. Merkur ist der Planet der Kommunikation, der Götterbote. Reichtum muss auf allen Ebenen fließen und ausgetauscht werden, um wirklich wertvoll zu bleiben. Selbst die größten Schätze verlieren ihren Wert, werden faul und vergiften, wenn man geizig an ihnen festhält, anstatt sie liebevoll weiterzugeben. Das demonstrieren die schmutzig-düsteren Münzen im Hintergrund.

Vertiefung

Die ganze Existenz ist ein Ausdruck unermesslichen Reichtums. Die Natur schenkt sich verschwenderisch in Vielfalt und Fülle. Alles, was ins Leben kam, lässt wieder los, wenn seine Zeit gekommen ist, und hinterlässt Raum für die unaufhörliche Entstehung des Neuen.

Nur der Mensch lebt in der Illusion, vom Ganzen und damit auch von dem unendlichen Reichtum des Lebens getrennt zu sein. Nur der Mensch kennt Armutsbewusstsein und als Folge davon Mangel, Angst, Geiz, Gier und Neid. Ängstlich versuchen viele an dem festzuhalten, was sie als ihren Besitz betrachten, oder von anderen zu bekommen, was ihnen nicht gehört. Dadurch vertieft sich das begrenzte Bewusstsein und somit das Gefühl von Überlebenskampf, Konkurrenz und Trennung. Eine Spirale von Unterdrückung, Gewalt und Unglück entsteht.

Sobald wir aus dieser kollektiven Trance erwachen, unsere Augen öffnen und die Wirklichkeit sehen, so wie sie ursprünglich ist, erkennen wir, dass das ganze Leben ein Geschenk ist und aus unzähligen Geschenken besteht. Denn alles ist Ausdruck eines großartigen göttlichen Spiels, das Leben hervorbringt, erhält, vergehen lässt und wieder neu erschafft. Da ist unbegrenzte Liebe und Freude – mehr als genug für alle unsere Bedürfnisse. Sobald wir uns für die Einheit mit allem öffnen, haben wir alles, was wir brauchen in der Fülle. Dann erkennen wir selbst in schmerzhaften Erfahrungen die Liebe unserer inneren Führung, die uns zeigt, wozu alles gut ist und was wir lernen und entwickeln sollen. Denn auf der Erde sind Schmerzen und Leiden oft große Entwicklungshelfer der Menschheit

– so lange, bis sie aus dem Traum der Getrenntheit wieder erwacht.

Wir können die ersten Schritte tun und uns der Realität von Einheit und Reichtum öffnen. Jeder ist so reich, wie er sich fühlt! Sich selbst tief kennenzulernen, bedeutet auch, den eigenen inneren Reichtum zu entdecken. So wie das wahre Wesen in jedem Menschen keine Grenzen kennt, ist auch das Potenzial innerer Erfüllung unbegrenzt. Dich selbst tief zu kennen heißt, dich unendlich wertvoll zu fühlen. Selbstzweifel und Minderwertigkeit zeigen Ignoranz gegenüber der universellen Intelligenz. Völlig unabhängig von den äußeren Mitteln, die du hast, kannst du im Inneren unendlich reich sein, wenn Wahrheit, Liebe und Dankbarkeit dich erfüllen.

Erlaube dir, reich zu sein, denn Reichtum ist dein natürlicher Zustand!

Originalbezeichnung im Englischen: *Wealth*

Die **10** ist die Zahl des **Durchbruchs**, des Betretens einer **neuen Ebene**.

Übung zum Element Erde

Für diese Übung benutzen wir die 15 Karten des Elements Erde (*Die Kaiserin, Der Hierophant, Der Eremit, Der Teufel, Das Universum* und die Zahlenkarten des Erdelements). Lege die Karten aufgedeckt vor dich hin und nimm dir dein Notizbuch.
Die Übung hat insgesamt drei Ebenen:

1. Ebene: Stelle dir folgende Fragen:
Welche Geschenke und Herausforderungen gibt es:
a) in Bezug auf meinen Körper,
b) in Bezug auf meinen Beruf,
c) in Bezug auf Geld und Besitz,
d) in Bezug auf meine Wohnsituation?

- Wähle zu jedem Bereich eine oder mehrere Karten, die einerseits Geschenke und andererseits Herausforderungen zeigen. Notiere dir zu jedem Thema die Karten, die du gewählt hast, und die Beweggründe, weshalb du dich für diese Karte(n) entschieden hast.

2. Ebene: Stelle dir in Bezug auf die Themen zur 1. Ebene folgende Fragen:
„Was wünsche ich mir? Wofür öffne ich mich?“

- Wähle aus den 15 Karten eine aus, die das symbolisiert, was du dir von Herzen sehnlich wünschst. Diese Karte hat die Funktion eines **Leuchtturms** für den Weg zu deiner Wunscherfüllung. Finde dann einen Satz, der die Erfüllung dieses Wunsches ausdrückt und der zu dieser Leuchtturm-Karte passt. Ein Beispiel: „Mein Körper ist gesund und lebendig“, oder: „Ich … (dein Name) … lebe entspannt und in Fülle auf allen Ebenen.“ Oder: „Ich … (dein Name) … habe und bekomme immer alles, was ich brauche und was mir dient.“

3. Ebene: „Der Weg“

- Nimm die restlichen 14 Karten und mische sie gründlich. Lege sie verdeckt aus und ziehe davon drei Karten. Sie repräsentieren **Schritte auf deinem Weg zu deiner Wunscherfüllung**. Lege sie wie folgt vor dich auf den Boden hin, wobei zwischen den Karten ein Abstand von zirka 30 cm sein sollte:

L = Leuchtturm-Karte

- Jede Karte repräsentiert einen Erfahrungsraum. Stelle dich zunächst mit den Füßen links und rechts neben der Karte der ersten unaufgedeckten Karte hin und spüre deren Energie. Wie fühlt sie sich an? Was nimmst du wahr? Hast du ein Gefühl, welche Karte es sein könnte?

- Drehe die Karte um und stelle dich noch einmal wie oben hin. Spüre, erlebe, erfahre diese Energie auf dem Weg zu deiner Wunscherfüllung. Gehe in eine Körperhaltung, die diese Erfahrung repräsentiert. Je mehr du deinen Körper einsetzt, desto klarer und deutlicher wird das innere Erleben.

- Dann stelle dich mit den Füßen links und rechts jeweils neben der zweiten und dritten Karte hin und erlebe sie ebenso.
- Zum Schluss stelle dich mit den Füßen links und rechts neben deiner „Leuchtturmkarte“ hin. Wie fühlt sie sich jetzt an, nachdem du die drei Schritte gegangen bist? Wiederhole den Satz, den du in der 2. Ebene gefunden hast. Hat er sich vertieft oder vielleicht sogar verändert? Kannst du die Erfüllung deines Sehnens tief in dir fühlen? Wiederhole den Satz so lange, bis du ihn mit jeder Zelle deines Körpers fühlen kannst. Lasse dir Zeit und gehe ganz in das Fühlen und Erleben.
- Notiere dir am Ende der Übung deine Impulse, Gefühle und Wahrnehmungen der einzelnen Schritte auf deinem Weg zur Wunscherfüllung in deinem Notizbuch.

Anmerkung für künftige Tarotberater*innen: *Im weiteren Verlauf unserer Ausbildung bzw. dieses Kurses und Buches wiederholen wir leicht abgewandelt die Übung „Der Weg“. Diese einfache Anleitung kannst du auch immer wieder in deine Tarot-Beratungen einbauen, wenn du andere Menschen begleitest.*

Einführung in das Element Wasser

Das Element Wasser, ein weibliches Element, wird symbolisiert durch die Karten der Kelche.

Gebet zum Element Wasser

Lass mich sein, wie das Wasser ist.
Wasser ist völlig widerstandslos
und überwindet doch den größten Widerstand.
Wie immer die Gestalt eines Gewässers sein mag,
das Wasser passt sich dieser Form an, und doch formt
nichts anderes so intensiv wie das Wasser.
Denn es war das Wasser, das den Kontinenten die Form
gab. Wasser arbeitet, aber es strengt sich niemals an.
Es kann eine Mühle antreiben oder eine Stadt erleuchten,
aber es wird niemals müde.

Wasser ist farblos,
aber was ist ein Regenbogen anderes als Wasser?
Wasser ist geschmacklos,
aber ohne Wasser würde nichts schmecken.
Wasser lehrt, was Demut ist, denn es sammelt sich
stets am niedrigsten Punkt und doch beugt sich selbst
der Mächtigste zu ihm herab, um zu trinken.

Lass mich sein, wie das Wasser ist,
so formbar und so formend.

Das Wasser-Element repräsentiert in unserem Leben Gefühle, Empfindungen, Sehnsüchte, Sexualität, Hingabe, Anpassung, Aufgabe von Kontrolle, Nähe, Liebe, Heilung, den Wunsch nach Verschmelzung, das Sich-Einlassen auf den Fluss des Lebens.

Es ermöglicht eine innere Öffnung, die uns über alle Bewertungen, Anschuldigungen und moralischen Dogmen hinausgelangen lässt. Wir verbinden uns mit unseren Bedürfnissen nach emotionaler Wärme, Körperberührung, Zärtlichkeit, Zuneigung, Intimität, Mitgefühl und fließender Liebe.

Vom Wasser lernen wir, Ja zu sagen, mitzufließen, uns einzulassen und hinzugeben, unsere weichen und verlässlichen Seiten zu zeigen.

Wasser lädt uns ein, einmal ohne Kampf und Widerstand in Frieden mit uns selbst und mit unseren Gefühlen zu sein. Wir dürfen tief eintauchen in die Welt unserer Empfindungen und intensiven Erlebens.

Anrufung des Wasser-Elements

Geliebtes Wasserelement, geliebter Geist des Wassers!
Ich rufe dich an und lade dich ein, dich mir jetzt zu offenbaren. Bitte zeige dich mir, sodass ich dich und deine Qualitäten erleben kann.
Berühre mich mit deiner sanften Kraft.
Hilf mir dabei, zu entspannen, tief loszulassen, mich zu schenken und einzulassen.

Lehre mich die Bereitschaft, zart und sanft zu werden, mich hinzugeben und zu erfahren, was Nähe, Intimität und Vereinigung bedeuten kann.
Lehre mich, wie es sein kann, die Grenzen, mit denen ich mich vor schmerzhaften Gefühlen zu schützen versuche, für eine Weile beiseitezulegen. Hilf mir, wirkliche Begegnung, echte Nähe und tiefes Einlassen zu erleben.

Danke für deine heilende Kraft.
Danke, dass du mich jetzt berührst und durchdringst.

Stichworte zu den Karten des Wasserelements

Vorab ein Hinweis: Immer, wenn eine Kelche-Karte gezogen wird, ist das ein Hinweis, zu fühlen, zu spüren und eben nicht in den Verstand zu gehen, zu denken, zu rationalisieren und nach Lösungen zu suchen. Es geht darum, tief in das Gefühl einzutauchen und alles, was jetzt da ist, zu spüren. Du brauchst nichts damit zu tun, fühle es einfach.

Ergänzend zu den Zahlenkarten der Kelche sind auch noch fünf Karten der Großen Arkana dem Wasserelement zugeordnet. Es sind dies:

Die Hohepriesterin: Dem Erdtrabanten Mond zugeordnet. Der Mond wird dem wässrigen Sternzeichen Krebs zugeordnet. *Die Hohepriesterin* verkörpert das fühlende und intuitive Wissen des Wasserelements.

Der Wagen: Obwohl die Farben dieses Bildes wenig Wasserqualitäten haben, ist der *Wagen* dem wässrigen Sternzeichen Krebs zugeordnet.

Der Gehängte: Die Tarotkarte *Der Gehängte* zeigt das alchemistische Symbol für Wasser, das Dreieck mit der Spitze nach unten. Auf dieser Karte ist das Wasser kalt und starr geworden. Daher braucht es die hingebende Qualität dieses Elementes.

Tod: Dem wässrigen Sternzeichen Skorpion zugeordnet. Sterben ist auch ein tiefes Loslassen, das vom Wasserelement unterstützt wird.

Der Mond: Dem wässrigen Sternzeichen Fische zugeordnet. Es bringt die auflösende und entgrenzende Qualität des Wassers mit sich.

Ass der Kelche

Stichworte

DIE Karte für die All-Liebe, der großen Liebe als Grundqualität des Lebens **pure, grenzenlose Liebe** **Kanal sein für All-Liebe** **überströmende Liebe** **bedingungsfreie Liebe ausstrahlen** **reiches Geben und Empfangen** **tiefe Selbstliebe** **die Liebe des wahren Wesens**

Die wichtigsten Symbole

Der große Kelch der Liebe wird durchstrahlt von kosmischem Licht. Es strömt von oben herab und fließt erweitert nach unten in die Welt. Das ganze Bild ist erfüllt von einer strahlenden Aura des Lichts und der Liebe. Der Fuß des Kelches, die weiße Lotusblüte, zeigt, dass seine Essenz reine Liebe ist. Die blaue Farbe betont die Spiritualität dieser Liebesqualität. Universelle Liebe ist in ihrem Wesen mehr als ein Gefühl. Doch sie bringt alle Ausdrucksformen und Gefühle hervor. Darauf deuten auch die anderen Farben hin: Rot (die Kraft des brennenden Herzens), Grün (Kreativität) und Gelb (Inspirationen). Die drei ineinander verschlungenen Ringe in der Mitte des Kelches zeigen, dass Körper, Geist und Seele von der All-Liebe erfüllt und vereint werden.

Vertiefung

Liebe ist die höchste Kraft des Universums. Liebe ist Gott und Gott ist Liebe – die Kraft, aus der alles hervorgeht und in der alles enthalten ist. Sie beinhaltet alle Gegensätze und vereint sie gleichzeitig. Liebe kann unbeschreiblich machtvoll und absolut hingebungsvoll sein, herrschend und dienen zugleich. Sie verbindet das Höchste mit dem Niedrigsten und verwandelt das Abscheulichste in das Edelste. Es ist ein absurdes Paradox, dass wir Menschen uns nach nichts anderem mehr sehnen als nach Liebe und doch vor ihr die größte Angst haben. Obwohl alles in dieser Welt sich um Liebe dreht, ist unser begrenzter Verstand niemals fähig, das Mysterium der Liebe ganz zu ergründen. Denn sie ist unsere Natur und diese ist unermesslich größer als alle Selbstbilder, alle Ideen und Vorstellungen über uns selbst.

Sobald wir uns der großen Liebe öffnen, löst sie auch die Begrenzungen auf, mit denen wir uns schützen – daher die Angst. Doch ohne die Auflösung und Zerstörung unserer falschen Identitäten werden wir niemals erfahren, was Liebe sein kann.

Das *Ass der Kelche* erinnert uns an den Liebesaspekt unserer wahren Natur. Wir brauchen nichts zu tun oder zu erreichen, denn wir sind Liebe! Das tief zu erkennen und zu fühlen, reicht aus. Sobald wir offen genug und bereit sind, durchflutet sie uns, vernichtet, was nicht wirklich zu uns gehört, heilt innere Wunden und schenkt uns ein neues Leben. Bedingungsfreie Liebe sagt: „Alles darf sein, denn ich bin alles!"

Originalbezeichnung im Englischen: *Ace of Cups*

Zwei Kelche - Liebe

Stichworte

Liebe Zweisamkeit Liebesbeziehung
harmonischer Liebesaustausch
Glück und Erfüllung in einer Liebesbeziehung

Die wichtigsten Symbole

Zwei Lotusblüten erheben sich aus dem Wasser und erblühen – Symbole der Öffnung zweier liebender Herzen. Die **Goldfische** sind ineinander verschlungen und zeigen die vollendete Harmonie eines reichen Liebesaustausches. Die **goldenen Kelche** stehen für die alles verwandelnde Kraft der Liebe. Sie sind gefüllt von der aus der oberen Blüte quellenden Liebesenergie und fließen über. Ein Bild vollkommener Erfüllung und überströmenden inneren Reichtums.

Der See in den Farben **Grün** und **Gelb** ist still und friedlich (vgl. *Zwei Schwerter*). Die Emotionen (Wasser) sind erfüllt mit innerem Frieden (Farbe Gelb) und frischer, erneuernder Kraft (Farbe Grün). Der blaue Himmel zeigt, dass die Gedanken klar und frei sind.

Vertiefung

Im Zustand echter Liebe verwandelt sich die ganze Welt in ein Paradies. Wenn die Kraft der Liebe dich erfüllt, näherst du dich dem geliebten Menschen frei von Angst oder falscher Zurückhaltung. Du liebst und Liebe will sich einfach schenken, sich zeigen und ausdrücken. Ist sie echt, fühlst du dich gut und befreit. Du wirst wertvolle Erfahrungen machen und genau die Resonanz finden, die jetzt für dich und alle Beteiligten stimmig ist. Liebe ist ein natürlicher Zustand deines Seins. In wahrer Liebe lösen sich Angst und Eifersucht auf. Du fühlst dich befreit und erfüllt. Indem du dem Ruf echter Liebe folgst, trägt sie dich über deine bisherigen Grenzen hinaus. Deine alten begrenzten Selbstbilder voller Wertlosigkeit oder Überheblichkeit sind nicht mehr gültig. Sie macht dich stark und demütig zugleich, denn sie führt dich in eine Offenheit, in der oberflächliche Unterschiede keine Rolle mehr spielen.

Echte Liebe macht dich nicht abhängig, sondern befreit dich zu deiner wahren Größe. Denn das, was dich am anderen anzieht, ist nichts anderes als die Teile in dir, die deine Seele jetzt entwickeln möchte. Deshalb öffne dich für die Geschenke der Liebe.

In der Karte *Zwei Kelche* geht die Liebe über in die Zweisamkeit, in die Begegnung. Die Liebe findet hier auf der Erde ein Gegenüber, ein Du. Und deshalb ist die Zwei, die Dualität wichtig, damit irdische Liebe erfahren werden kann. Diese zwei Kelche, die sich so harmonisch miteinander verbinden, und der Strom der Liebe, der durch beide hindurchfließt, ist ein friedlicher, freier, wundervoller Austausch von Liebesenergie. Das ist die irdische, die menschliche Liebe: Sie kann romantisch sein, aber sie reicht in viele, viele Bereiche, in denen man im Menschsein Liebe erfahren und ausdrücken kann. Da gibt es so viele Facetten!

Wenn die *Zwei Kelche* gezogen werden, geht es um die menschliche Liebe, beim Ass geht es um die All-Liebe und dass wir uns als diesen Kelch der Liebe erkennen. Denn das ist unser aller höchste Bestimmung, unser aller wirkliche Erfüllung. Das Geheimnis ist, nur wenn du dich als Kelch der Liebe erlebst, kann die irdische Liebe wirklich erfüllend sein. So lange du einem Menschen im Außen begegnest und Liebe vom anderen haben oder beziehen willst, den anderen benutzt, um Löcher in dir zu füllen oder zu stopfen, dann endet das im Drama, das wir überall sehen und kennen. Zuerst ist es unsere Aufgabe, dass wir uns als diesen Liebeskelch selbst erleben und wenn wir damit in die Begegnung gehen, schenken und teilen wir das, was wir sind, miteinander. Und das ist das Schönste, was es hier auf dieser Erde geben kann.

Originalbezeichnung im Englischen: *Love*

Drei Kelche - Fülle

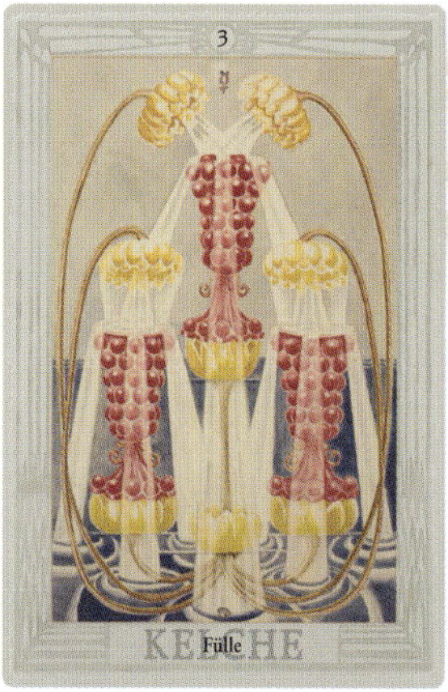

Stichworte

Reicher Liebesaustausch **sich öffnen für die Fülle des Lebens** **überfließender Liebesfluss**

Die wichtigsten Symbole

Die drei Kelche sind mit den Fruchtperlen von **Granatäpfeln** besetzt. Diese seltenen Früchte zeigen die köstliche Erfahrung überströmender Liebe. Die Kelche werden von goldenen Lotusblüten getragen und mit Liebesenergie erfüllt, so dass sie überfließen in den Ozean grenzenloser Liebe.

Vertiefung

Fülle ist ein Ausdruck puren Lebens. Du kannst sie mit jedem Atemzug erleben. Je bewusster du atmest, desto mehr Raum entsteht in dir für die Eine Kraft. Sie atmet durch dich auch dann, wenn du nicht daran denkst. Und solltest du versuchen, deinen Atem anzuhalten, wird sie – gegen deinen Willen – nach kurzer Zeit den Atemfluss wieder aufnehmen. Die Fülle des Lebens und der Liebe ist immer da. Wenn wir sie nicht wahrnehmen und Mangel erleben, zeigt dies, dass wir uns von ihr bewusst oder unbewusst abgeschnitten haben. Sobald wir diese innere Verweigerung erkennen und beenden, sind wir wieder im Einklang mit dem Lebensfluss, der uns unerwartet reich beschenkt.

Nicht immer bekommen wir, was wir uns vorstellen oder wünschen, doch in jedem Fall das, was wir brauchen. Das kann mitunter unangenehm sein und eine echte Herausforderung darstellen. Oftmals fällt es uns schwer, darin ein Geschenk zu erkennen. Doch wenn wir nach einer gewissen Zeit zurückschauen, erscheint das Leben in einem neuen Licht und wir sehen, dass alles so richtig war. Daran erkennen wir, dass auch schwere Ereignisse uns die Chance gegeben haben, zu lernen, zu wachsen und frei zu werden.

Bei der Karte *Drei Kelche* kommt zur Karte *Zwei Kelche* ein Drittes dazu. Man könnte sagen, Vater, Mutter und Kind. Man könnte auch sagen, die Liebe wird geteilt mit mehr als nur einem einzigen Menschen. Das bedeutet, die Liebesfülle kann frei fließen und jeder, der sich davon berühren lässt und der daran beteiligt ist, wird reich beschenkt und erfüllt.

Originalbezeichnung im Englischen: *Abundance*

Vier Kelche - Üppigkeit

Stichworte

Reicher Austausch von Gefühlen
emotionale Unterstützung
zeigt Vater-Themen sowohl als auch Mutter-Themen an
Liebe ist da und fließt, doch der Himmel ist grau, es ist stickig, schwül und begrenzt, die Liebesenergie ist noch nicht befreit
Gefahr von Einengung durch besitzergreifende Liebe und Fürsorge
zu viel des Guten

Die wichtigsten Symbole

Die rosaroten Lotusblüten stehen für die Liebe, die wir von anderen Menschen empfangen. Die goldenen Kelche zeigen den vorhandenen Reichtum der Gefühle. Der verdunkelte Himmel warnt vor einem sich nahenden Sturm, falls die eigene innere Freiheit bei allzu üppigem Gefühlsaustausch verlorengeht.

Vertiefung

In den Zeiten besonderer Üppigkeit im Liebesaustausch gilt es, doppelt wachsam zu sein. Gerade in familiären oder sehr vertrauten Beziehungen kann ein Übermaß an Fürsorge und Zuwendung erdrückend wirken. Sei offen und nimm dankbar an, was dir von den Menschen, die dir nahestehen, geschenkt wird. Achte jedoch darauf, dass der persönliche Raum deiner eigenen Integrität und Freiheit nicht verlorengeht oder missachtet wird. Dies geschieht meist gar nicht aus böser Absicht, sondern einfach aus Unwissenheit gegenüber dem, was du jetzt wirklich brauchst. Nun liegt es in deiner Verantwortung, klar und liebevoll mitzuteilen, was du brauchst und wo deine Grenzen sind. Vielen Menschen fällt es schwer zu verstehen, dass ehrliche Abgrenzung ein wichtiger Aspekt einer erfüllenden Liebesbeziehung ist. Dein Ja bekommt erst dann Kraft, wenn du auch Nein sagen kannst. Wenn Liebe nicht auch die Grenzen und Schwächen des anderen wahrnimmt und respektiert, ist es keine wirkliche Liebe.

Je mutiger und ehrlicher du zu deinen Grenzen stehst, ohne dein Herz zu verschließen, desto mehr Nähe und Tiefe können entstehen. Falls jemand deine liebevolle Offenheit und Klarheit nicht ertragen kann und sich von dir abwendet, lass ihn gehen. Du verlierst nichts Wertvolles. Auch wenn es dir selbst wehtun mag. Du kannst nur gewinnen, wenn du dir selbst treu bleibst. Der emotionale Reichtum, den du in dir trägst, führt dich zu den Menschen, mit denen du auf tiefer Ebene gleich schwingst.

Bei der Karte *Vier Kelche* bewegt sich der Liebesstrom innerhalb der Grenzen, die die materielle Welt den Menschen setzen kann. Wenn wir uns mit diesen Begrenzungen identifizieren, dann können diese Begrenzungen einmal ein Schutzraum sein oder sie können auch begrenzend und erstickend sein. Insofern ist die *Vier Kelche* ebenso ambivalent wie die *Vier*

Scheiben. Noch fließt in diesem Bild die Liebesenergie, aber es wird in der Umgebung schon etwas dunkel und grau und die Gefahr, die dadurch angezeigt wird, ist, dass die Liebe begrenzend und erstickend wirkt.

Mit dieser Karte werden oft auch Mutter-Themen angezeigt. Sie deutet auf eine Liebe, die den anderen überschüttet, vereinnahmt oder überschwemmt. Dieses Überschwemmende, dieses Ausufernde ist natürlich einer der Schattenaspekte des Wasserelements. Manche Mütter sind so überschwemmend, so vereinnahmend mit ihrer Liebe, in ihren Kindern entsteht dann das Gefühl, sie müssten aus dieser Enge und ja, man könnte fast sagen: aus diesem Gefängnis ausbrechen. Das gilt natürlich auch für die Väter. Bei den *Vier Kelchen* fließt also noch die Energie, es ist ein Liebes-Potenzial da und es kann auch auf eine positive Weise in einem geschützten Rahmen fließen. Aber Achtung! Keine zu große Begrenzung dieses Flusses und nicht zu viel des Guten.

Originalbezeichnung im Englischen: *Luxury*

Fünf Kelche - Enttäuschung

Stichworte

Alte Wunden werden berührt **emotionaler Schmerz**
Enttäuschung **unerfüllte Liebe**
problematische Beziehungen

Die wichtigsten Symbole

Die ursprünglich goldenen Kelche sind gläsern geworden, leer und zerbrechlich. Das **Pentagramm** (Fünfstern) mit der Spitze nach unten bedeutet Disharmonie und Schmerz. Die glühend heiße Luft lässt den **Lotus** (Liebe) welken. Das Wasser der Emotionen ist trüb und dunkel.

Die Wurzeln des Lotus bilden die Form eines **Schmetterlings**, Symbol der Verwandlung (von der Raupe zum Schmetterling). Wenn alte Wunden an die Oberfläche kommen und die Schmerzen bereitwillig gefühlt werden, liegt darin eine Chance zur Heilung.

Vertiefung

Wenn Menschen in deinem Leben in dir Irritationen oder Schmerz auslösen, hast du immer verschiedene Möglichkeiten, darauf zu reagieren bzw. damit umzugehen. Die meisten Menschen versuchen, einfach dem unangenehmen Gefühl zu entkommen. Dazu kann man verschiedene Strategien benutzen:

1. **Kampf:** Dem anderen Vorwürfe machen, ihn beschuldigen oder bekämpfen.
2. **Flucht:** Sich verschließen, isolieren, betäuben, ablenken, den anderen Menschen meiden.
3. **Überspielen:** Den Schmerz leugnen, so tun, als sei er nicht da, alles cool überspielen.
4. **Opfer:** Sich als Opfer fühlen, sich im Leiden festbeißen, sich selbst und andere mit dem eigenen Elend bestrafen.

Solche oder ähnliche Strategien sind jedoch nichts anderes als Selbsttäuschungen und müssen früher oder später aufgedeckt bzw. ent–täuscht werden. Ent–täuschungen sind eine Aufforderung, Illusionen und Täuschungen loszulassen und sich der Wahrheit zu stellen. Darin liegt ihr befreiendes Potenzial.

Die Wahrheit ist, dass Schmerzpunkte, die du in dir trägst, jederzeit durch andere Menschen ausgelöst und fühlbar werden können. Sobald du dich dieser Tatsache stellst, übernimmst du Verantwortung für deine Erfahrungen, kannst lernen, sie innerlich zu akzeptieren und anzunehmen, und ein Prozess der Heilung, Befreiung und Stärkung kann beginnen.

Bei der Karte *Fünf Kelche* entfaltet die Zahl Fünf als Zahl des Menschen, der sich mit seinem Verstand und seiner Persönlichkeit identifiziert, ihre herausfordernde Energie. Wenig überraschend ist das Element aus der Balance. Der Untertitel heißt „Enttäuschung" und hat seine eigene Schönheit, denn er deutet auf eine Desillusionierung und das Ende von Täuschung hin. Hinter dieser Täuschung liegen alte, tiefe, emotionale

Wunden im Liebesbereich. Sie ist also eine **Transformationskarte** und wenn sie gezogen wird, können wir davon ausgehen, dass im Inneren eines Menschen die Bereitschaft da ist, fühlend diesen alten Wunden zu begegnen. Immer, wenn eine Kelche-Karte kommt, ist das ein starker Hinweis, zu fühlen und nicht zu rationalisieren und auf der intellektuellen Ebene nach Lösungen zu suchen.

Originalbezeichnung im Englischen: *Disappointment*

Sechs Kelche - Vergnügen

Stichworte

Mit allen Sinnen genießen **erotischer und sexueller Genuss**
ins Meer der Gefühle und Leidenschaften eintauchen
emotionale Erneuerung

Die wichtigsten Symbole

Die **Lotusblüten** sind entfaltet und strahlen in kräftigem **Orange-Gold**, die Farbe der erwachenden Vitalität und Transformation. Das Material der Kelche erinnert an **Kupfer**, das Metall der inneren Heilung.

Bei genauem Hinsehen erkennt man in den Gefäßen eine Schlange. Dies kann als Hinweis auf die erneuernde Wirkung natürlich gelebter Sexualität interpretiert werden. Gleichzeitig deutet die Schlange auf das Potenzial der Transformation und Heilung, des „sexual healing" hin. Auf der höchsten Ebene repräsentiert die Schlange Weisheit. Das **dunkle Meer** und der

trübe Himmel zeigen die Zeit der Dämmerung, die Nähe zur Dunkelheit der unbewussten Triebkräfte, die mit dem Licht bewussten Erlebens durchdrungen werden müssen.

Vertiefung

Sich bewusst zu vergnügen und zu genießen ist eine Kunst, die nur von sehr wenigen Menschen beherrscht wird. Sie muss erlernt werden, wie z. B. laufen, schwimmen, lesen und schreiben. Da diese Fähigkeit in keiner offiziellen Schule gelehrt wird, müssen wir selbst die Initiative ergreifen, um etwas zu lernen, das unser Leben enorm bereichern kann. Zunächst einmal mache dir bewusst, was du wirklich am meisten genießt. Auf dieser Entdeckungsreise solltest du immer weniger auf die Ansichten anderer hören. Stattdessen gilt es zu lernen, in jedem neuen Moment in dich hineinzuspüren und auf deine Gefühle und Körperempfindungen zu achten.

Immer, wenn du dich wohlfühlst und dich etwas mit Wonne durchflutet, kannst du lernen, dich zu entspannen und zu öffnen. Indem du dich den angenehmen Gefühlen bewusst überlässt, beginnt wahres Vergnügen. Solange dein Herz offen und beteiligt ist, spürst du auch sofort deine Grenzen und kannst auch diese zärtlich ausdrücken, wenn du mit einem Menschen zusammen bist, den du liebst. Die Kunst, Freude, Lust und Wohlbehagen zu empfinden, braucht keine Kontrolle, wohl aber entspannte Wachheit und absolute Ehrlichkeit. Wenn du deinen Körper allein genießt, sei dir selbst gegenüber so zärtlich und liebevoll, wie nur möglich. Wenn ein anderer Mensch, den du liebst, beteiligt ist, solltest du ihm alles Wesentliche deines eigenen Erlebens mitteilen und auch seine Wünsche und Bedürfnisse verstehen und respektieren. Diese Achtung und Offenheit helfen euch, gemeinsam herauszufinden, was ihr am meisten genießt. Wenn ihr euch daran erinnert, dass ihr

Lernende und Forschende seid, ist es vollkommen in Ordnung, auch mal „Fehler“ zu machen, um an ihnen zu lernen und zu wachsen.

Originalbezeichnung im Englischen: *Pleasure*
Frühere Bezeichnung: *Genuss*

Sieben Kelche - Ausschweifung

Stichworte

Zu viel des Guten **Emotionssumpf** **Sucht**
Energieverlust durch Übertreibung oder mangelnde Abgrenzung **Überdruss**

Die wichtigsten Symbole

Die **Blüten** lassen ihre Köpfe hängen. Die Energie ist faul und modrig geworden. Etwas ist ins Stocken geraten und die Kelche haben aufgehört, Spender von Liebe und Lebensfreude zu sein. Der **Himmel** (Geist) und das **Wasser** (Emotionen) sind trübe und verunreinigt.

Vertiefung

Die *Sieben Kelche* zeigen eine Situation von Energieverlust durch Übertreibung, Ausschweifung, unzureichende

Abgrenzung oder suchtähnlichem Verhalten. Du hast vielleicht das Gefühl, von etwas Wichtigem nicht genug zu bekommen: z. B. von Liebe und Zärtlichkeit, von Geborgenheit und Schutz, von Freude und Freiheit oder von Anerkennung und Bestätigung. Irgendetwas scheint immer wieder zu fehlen oder nie genug zu sein. Deshalb fällt es dir manchmal schwer, einen stimmigen Abschluss zu finden bzw. etwas zur rechten Zeit zu beenden. Danach fühlst du dich verstimmt, ohne Antrieb und leer. In einer anderen Situation hast du vielleicht Angst, ehrlich zu sein, weil du Nähe und Kontakt nicht verlieren möchtest. Du stehst nicht ganz zu deinen wahren Gefühlen und erlaubst anderen, dich zu manipulieren und für ihre eigenen Zwecke zu gebrauchen. Doch später fühlst du dich irgendwie ausgenutzt und missbraucht und deine Wut oder dein Ekel vergiften dein Inneres. So lange du dich selbst unsicher und unvollständig fühlst, fällt es dir schwer, zu dir zu stehen und Klarheit zu schaffen.

So fliehen viele Menschen lieber in zwanghafte oder suchtgeprägte Verhaltensweisen. Übermäßiges Essen und Trinken, Rauchen, Fernsehen, Drogen, Social Media usw. können solche Fluchtwege sein, mit denen wertvolle Lebenskraft vergeudet oder zerstört wird. Aber genau dadurch vertieft sich die Spirale des Leidens und wir fühlen dringend die Notwendigkeit, etwas zu verändern und aus dem Teufelskreis auszusteigen.

Wenn du also deine Grenzen überschritten und missachtet hast, ist diese Karte eine Einladung, als Erstes herauszufinden: „Was ist deine Wahrheit? Wo sind und waren deine Grenzen?" Auch und speziell in der Situation, in der du es vielleicht übertrieben hast. Und als Zweites deine Bereitschaft, Grenzen zu setzen, zu prüfen. Hast du den Mut, Grenzen zu setzen und „Nein" zu sagen, wenn du „Nein" fühlst? Denn dein „Nein" kommt aus einem „Ja" zu deiner Wahrheit, zu deiner Grenze. Das ist ganz wichtig – speziell im Liebesbereich. Dein „Ja", deine Bereitschaft zur Vereinigung und Verschmelzung hat nur dann wirklich Kraft, wenn du auch „Nein" sagen kannst, wenn du „Nein" fühlst. Erst wenn du in einer Situation sagen kannst: „Das ist mir zu viel, das stimmt für mich jetzt nicht", wird dein „Ja" authentisch. Wenn wir das lernen, wenn wir auf unsere eigene Integrität achten, wenn wir uns darin sicher fühlen, dann können wir uns schenken. Wenn wir das vernachlässigen, haben wir immer das Gefühl, wir könnten von anderen vereinnahmt werden oder andere tun mit uns etwas, was wir gar nicht wirklich wollen.

Originalbezeichnung im Englischen: *Debauch*
Frühere Bezeichnung: *Verderbnis*

Acht Kelche - Trägheit

Stichworte

DIE Karte, bei der es um sehr alte, nicht verarbeitete Traumata und Schocks geht

düstere Stimmung **schwere Gefühle und Gedanken** Unklarheit **Trägheit** Faulheit **Antriebslosigkeit** Langeweile **Erschöpfung** Lebensmüdigkeit

Die wichtigsten Symbole

Die kupfernen Kelche sind beschädigt, die Energie versickert im **Morast**. Der Himmel ist mit **düsteren Wolken** bedeckt und wirkt schwer und bleiern. Negative, pessimistische Gedanken belasten das Gemüt. Das Wasser der Emotionen spiegelt die Schwärze und **Dunkelheit**. Gedanken und Gefühle stehen in einer Wechselwirkung und ziehen sich gegenseitig herunter.

Nur der dünne goldenen Streifen am **Horizont** hinterlässt einen Hoffnungsschimmer. Irgendwann ziehen auch die dunkelsten

Wolken (die schwersten Emotionen) vorüber und das Meer wird gereinigt den Sonnenschein reflektieren.

Vertiefung

Irgendeine Unachtsamkeit kann mitunter verheerende Folgen haben. Manchmal erkennst du die Zusammenhänge gar nicht sofort. Du fühlst dich einfach nur zutiefst unwohl oder sogar elend. Das Leben zeigt sich von der düsteren und depressiven Seite. Überall nimmst du seine Schatten, seine schweren und leidvollen Aspekte wahr. Alles erscheint leer und sinnlos. Je nach Temperament würdest du am liebsten explodieren und alles kurz und klein schlagen oder dich davonstehlen, ablenken oder betäuben. Meist sind dies nur vorübergehende Zustände und wir hoffen, sie möglichst schnell loswerden zu können. Doch so unangenehm sie auch sein mögen, wir sollten sie als Erfahrung und Chance nicht ungenutzt vorüberziehen lassen. Sie verdienen unsere Beachtung genauso wie die Zeiten des Glücks, mit denen sie sich in der Regel abwechseln. Wenn du bereit bist, auch diesen dunklen Tälern dein aufrichtiges Interesse zu schenken, verlieren sie bald ihre Macht.

Am Anfang fällt dies in der Regel schwer, denn meist fehlt genau das, was am dringendsten benötigt wird, nämlich Energie und Kraft. Sobald du jedoch gelernt hast, dich auch im Zustand der Energielosigkeit bewusst zu entspannen und diesen Zustand wie Forschende zu ergründen, verliert er bald seine lähmende Macht. Denn du begegnest immer nur Teilen deiner selbst, die in Liebe umarmt werden wollen.

Ganz anders können die Folgen sein, wenn du dieser tiefen Selbstbegegnung ausweichst, dich ablenkst oder deine Gefühle unterdrückst, leugnest oder betäubst. Dann kannst du fast sicher sein, dass sich diese Zustände häufen und in extremen Fällen zu einem chronischen Lebensgefühl werden. Dies kann sich durch lange Phasen deines Lebens hinziehen, und zwar so lange, bis durch Leiden die Bereitschaft zu echter Selbstbegegnung gereift ist. Je früher du in freiwilliger Intensität erforscht, was dir fehlt und was du tief in dir wirklich brauchst, desto reicher und glücklicher gestaltet sich dein Leben. Dann dienen dir auch und gerade die dunkelsten Erfahrungen zu deiner Selbstfindung. Dich zu finden bedeutet, alles zu finden!

Originalbezeichnung im Englischen: *Indolence*

Neun Kelche - Glückseligkeit

Stichworte

Glückseligkeit ist eine Essenz-Qualität
und als solche pure Erfüllung
Sie ist eine Facette unseres Seins **Freude im Herzen**
freudiger Austausch mit Menschen
überfließende Liebe
ein großes JA zu allem

Die wichtigsten Symbole

Die neun Kelche sind in gleichmäßiger, harmonischer Anordnung über das ganze Bild verteilt. Über jedem neigt sich eine **geöffnete Lotusblüte** (gebende Liebe) und ergießt Liebesenergie. Die Kelche sind gefüllt, laufen über und beschenken sich gegenseitig und ihre Umgebung. Ein vielfältiger und erfüllender Austausch entsteht.

Vertiefung

Die *Neun Kelche* sind eine Einladung, dem zu folgen und das zu tun, was dich zutiefst glücklich macht. Dadurch entstehen eine tiefe Freude, eine überfließende Dankbarkeit und ein stiller Frieden in dir. Du kommst immer mehr bei dir selbst an, du findest zu deiner inneren Kraft und Weisheit und zu deiner Fähigkeit, Liebe auszudrücken und mit deiner Umgebung zu teilen. Gerade das Teilen der Liebe und Freude mit anderen Menschen in einer Gruppe ist Ausdruck und Essenz dieser Karte.

Glückseligkeit ist jedoch viel mehr als nur Glück. Es ist ein Zustand innerer Ekstase und Freude, die keine äußeren Impulse mehr benötigt. Um diesen Zustand zu erfahren, brauchst du den Mut, dich bedingungslos auf das Leben einzulassen. Dabei werden dir nicht nur angenehme Situationen begegnen. Wenn du dich ihnen stellst, führt es dich in einen wichtigen Lernprozess. Solange du Glück und Erfüllung noch von äußeren Lebensumständen abhängig machst, wird es vergänglich sein und dich zwanghaft in alten Denk- und Verhaltensmustern festhalten: „Dies will ich und das will ich nicht." Das erzeugt Leiden und führt dich immer weiter weg von deiner eigentlichen Bestimmung.

Erst, wenn du erkennst, dass die Quelle von Glückseligkeit in dir selbst liegt, wirst du frei von äußeren Reizen und Ereignissen und damit vom Leid. Ein tiefes Ja zu dir und zu allem, was du fühlst und erlebst, ist der Schlüssel zu echtem innerem Glück. Es ist dein Geburtsrecht, voller Freude und Glückseligkeit zu sein, denn sie ist ein Ausdruck deiner wahren Natur.

Originalbezeichnung im Englischen: *Happiness*
Frühere Bezeichnung: *Freude*

Zehn Kelche - Sattheit

Stichworte

Die Karte hat merkurischen Charakter **Kommunikation, der innere Reichtum will weiter geschenkt werden** **Geben und Schenken** **reicher Austausch von Liebe mit vielen Menschen** **vollkommene Befriedigung und Erfüllung** **emotionaler Reichtum** **Dankbarkeit**

Die wichtigsten Symbole

Die zehn Kelche sind in der Form eines kabbalistischen Lebensbaumes angeordnet. Der lebendige, emotionale Austausch mit vielen Menschen hat ideale Voraussetzungen. Die **riesige Lotusblüte als Krone des Baumes** zeigt die reichlich vorhandene Liebe, die nun an andere weiterfließen kann. Die Henkel der goldenen Kelche haben die Form von **Widderhörnern. Gold** weist auf eine innere Verwandlung hin, die nun mit der Feuerkraft des Widders (**Farbe Rot**) zu einem lebendigen, dynamischen Austausch kommen kann.

Vertiefung

Wer für die Liebe offen ist, wird von ihr genährt und hat den natürlichen Wunsch, sie weiterzugeben. Kaum etwas anderes erfüllt uns so tief! Wenn Liebe fließt und zwischen Menschen ausgedrückt wird, entsteht ein Klima von Herzenswärme und Lebensfreude, in dem sich unsere besten Seiten entfalten können. Da Liebe keine Grenzen kennt, ist jeder, der offen und bereit ist, sie zu empfangen, an diesem reichen Strömen beteiligt.

Die Herausforderungen und inneren Kämpfe in der Vergangenheit waren nicht umsonst. Etwas ist mit dir geschehen, hat dich verwandelt und deine inneren Augen geöffnet. Nun kannst du viel tiefer als früher wertschätzen, was dir die Menschen in deinem Leben geben. Mehr als du vielleicht annimmst, sind sie bereit, sich dir zu öffnen. Sobald du ihnen deine eigene Kontaktbereitschaft zeigst, werden sie dir dankbar entgegenkommen.

Jeder von ihnen spiegelt dir einen besonderen Aspekt deiner selbst. Wenn du die Beziehung zu ihnen nicht nur benutzt, um deine innere Leere zu füllen, kann ein reicher Austausch von Liebe stattfinden, der dich tief in deinem Inneren erfüllt und sättigt. Diese emotionale Sattheit gibt dir eine besondere Ausstrahlung und öffnet dich für eine allumfassende Liebe.

Stimmiger ist für uns der Titel „Erfüllung“. Denn bei Sattheit assoziiert man leicht Übersättigung. Es ist eine Erfüllung von innen her, weil der Strom der Liebe uns selbst und unser Leben erfüllt. Wenn die Identifikation mit den Vorstellungen und Konzepten losgelassen wurde, stellt sich wahres Erfülltsein ein. Ganz besonders in einer tiefen, fließenden Liebeserfüllung.

Originalbezeichnung im Englischen: *Satiety*

Übung zum Element Wasser

Für diese Übung benutzen wir die 15 Karten des Elements Wasser (*Die Hohepriesterin, Der Wagen, Der Gehängte, Der Tod, Der Mond* und die Zahlenkarten des Wasserelements). Lege die Karten aufgedeckt vor dich hin.

Die Übung hat insgesamt drei Ebenen:

1. Ebene: Im ersten Schritt dieser Übung betrachten wir den **Bereich der menschlichen Liebe**. Dabei geht es um die **beiden Pole „Schmerzhafte Erfahrungen und Herausforderungen“** einerseits und **„Freuden und Geschenke“** andererseits. Nimm dir dein Notizbuch.

- Verbinde dich mit deinem Körper und deinem Atem.
- Finde aus den vor dir liegenden Karten eine oder mehrere, die jeweils deine Erfahrungen mit den beiden Polen symbolisieren.
- Notiere dir, welche Erfahrungen du mit diesen beiden Polen bereits gemacht hast. Welche Gefühle sind damit verbunden?
- Lege die Karte(n), die du für den jeweiligen Pol gefunden hast, in einem Abstand von etwa einem Meter auf den Boden. Dann stelle dich mit den Füßen links und rechts neben die Karte(n) hin und spüre ihre Energie. Gehe vollständig in die jeweiligen Erfahrungsräume hinein, den diese Karte(n) symbolisieren. Finde eine Körperhaltung, die der damaligen Erfahrung entspricht.
- Du kannst die Karten alternativ auch auf dein Herz legen und so ihre Energie wahrnehmen.
- Wechsle mehrmals zwischen den beiden Polen hin und her. So kannst du beide Seiten gleichermaßen erfahren.

2. Ebene: Entscheide dich für eine Karte des jeweiligen Pols. Entscheide, welche der beiden Karten in deine **linke Hand** und welche in **deine rechte Hand** gehört. Dann strecke beide Arme seitlich aus.

- Langsam, ganz langsam und in größtmöglicher Zeitlupe bringst du nun die beiden Karten vor deinem Herzen zusammen. Beide Pole begegnen sich also in deinem Herzraum.
- Nimm wahr, was geschieht, wenn du die Karten langsam vor deinem Herzen zusammenbringst. Verändert sich etwas in dir, wenn sie zusammenkommen? Fühle die Kraft, die jetzt fließt. Erlebe dich als Kanal freifließender Energie.
- Notiere dir anschließend deine Erfahrungen und Erlebnisse.
- Wenn du bereit bist, schreibe anschließend auf, wie deine Vision oder das höchste Potenzial in der Liebe für dich aussieht. Lasse dein Herz sprechen!

3. Ebene: „Der Weg"

- Wähle für diese Vision aus den 15 Karten des Elements Wasser eine Karte als **Leuchtturm-Karte** aus. Sie repräsentiert **dein höchstes Ziel in der menschlichen Liebe**. Finde einen Satz, der diese Vision ausdrückt, und notiere ihn.
- Nimm die restlichen 14 Karten und mische sie gründlich.
- Lege sie verdeckt aus und ziehe davon drei Karten. Sie repräsentieren die Schritte auf dem Weg zu deiner Vision.

Lege sie wie folgt hin:

L = Leuchtturm-Karte

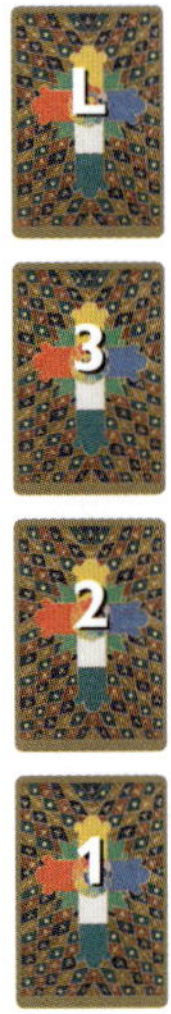

- Jede Karte repräsentiert einen Erfahrungsraum. Stelle dich zunächst mit den Füßen links und rechts neben die erste unaufgedeckte Karte hin und spüre deren Energie. Wie fühlt sie sich an? Was nimmst du wahr? Hast du ein Gefühl, welche Karte es sein könnte?
- Drehe die Karte um und stelle dich noch einmal mit den Füßen links und rechts neben sie. Spüre, erlebe, erfahre diese Energie auf dem Weg zu deiner Vision. Gehe in eine Körperhaltung, die diese Erfahrung repräsentiert. Je mehr du deinen Körper einsetzt, desto klarer und deutlicher wird das innere Erleben.
- Dann stelle dich mit den Füßen links und rechts neben die zweite und dritte Karte hin und erlebe sie ebenso.
- Zum Schluss stelle dich mit den Füßen links und rechts neben deine Leuchtturmkarte hin. Wie fühlt sie sich jetzt an, nachdem du die drei Schritte gegangen bist? Wiederhole den Satz, den du für deine Vision gefunden hast. Hat er sich vertieft oder vielleicht sogar verändert? Wiederhole den Satz so

lange, bis du ihn mit jeder Zelle deines Körpers fühlen kannst. Lasse dir Zeit und gehe ganz in das Fühlen und Erleben.

- Notiere dir am Ende der Übung deine Impulse, Gefühle und Wahrnehmungen der einzelnen Schritte auf deinem Weg zu deiner Vision.

Anmerkung: *Es ist für deine Selbstbegegnung wichtig zu lernen, jede einzelne Erfahrung zutiefst anzunehmen und wertzuschätzen. Denn jede kann ein Tor sein in die inneren Räume deines Erlebens und deiner höchsten Potenziale. Auch wenn eine Erfahrung für dich mitunter schmerzhaft und erschütternd ist, dient sie doch dazu, innere, noch ungeklärte und nichtgeheilte Teile deiner selbst mit dem Licht von Bewusstwerdung zu transformieren. Auf diese Weise wirst du mutig, dir selbst immer weniger auszuweichen und präsent zu bleiben in den Wellen und Stürmen des Lebens. Dies führt dich Schritt für Schritt in die höchste Erfüllung deines Menschseins.*

Einführung in das Element Feuer

Das Element Feuer, ein männliches Element, wird symbolisiert durch die Karten der Stäbe.

Gebet zum Element Feuer

Lass mich sein, wie das Feuer ist.
Feuer verwandelt alles, was es berührt. Lass mich
wie das läuternde Feuer alles Unreine in mir verbrennen,
damit das Reine hervorscheinen kann.
Das Licht meines Denkens soll leuchten wie ein Feuer
und die Liebe meines Herzens strahlen wie Feuer.

Lass in mir das ewige Feuer brennen,
lass alles, was ich berühre, in Liebe leuchten. Lass mich
mein Herz und die Herzen der anderen entzünden
mit dem Feuer der Liebe und lass dieses Feuer immer
weiter um sich greifen und die ganze Welt erleuchten.

Lass mich sein, wie das Feuer ist.
Lass in mir den Wunsch brennen, zu mir zu finden.
Lass mich leuchten im Feuer der Liebe,
das alles entzündet und alles verwandelt in Liebe.

Lass mich sein, wie das Feuer ist.

Ja, das Feuer kann uns wirklich ergreifen, speziell das Feuer der Liebe. Ein Aspekt des Liebenden ist auf irgendeine Weise verrückt. Wenn das Feuer der Liebe brennt, wird nicht kalkuliert, wird nicht berechnet, sondern das Feuer bewegt. Das scheint in den Augen der Welt manchmal ganz schön verrückt zu sein.

Das Feuer-Element symbolisiert in unserem Leben die Qualitäten von Aktion, Willenskraft, Dynamik, Tatkraft, Entschlossenheit, Vorwärtsdrängen. Das Feuer weckt den Krieger oder die Kriegerin in uns. Es macht uns bereit, für das, was uns wichtig ist, offen und aktiv einzustehen. Wir verleugnen nicht länger aus Angst oder falscher Rücksichtnahme unsere eigene Kraft, unsere wahre Größe. Wir hören auf, uns selbst klein zu machen, uns zu verstecken, wohlangepasst zu sein, um in Ruhe gelassen zu werden. Wenn die Glut unseres inneren Feuers unser Herz berührt, spüren wir mit jeder Faser unseres Seins, wofür wir wirklich brennen.

Feuer reinigt und läutert uns. Es trennt das Wesentliche vom Unwesentlichen, das Essentielle vom Vergänglichen. Es verwandelt kalte, tote Materie in lebendige Energie. Es transformiert unsere innere Kälte und Dunkelheit in Wärme und Licht.

Anrufung des Feuer-Elements

Geliebter Geist des Feuers!
Ich lade dich ein, dich mir zu zeigen.
Ich bin jetzt bereit, dich zu spüren,
mich von dir bewegen und begeistern zu lassen.
Ich übergebe dir meine Begrenzungen, meine Ängste
und Zweifel. Bitte nimm alles von mir, was mich blockiert
und an echter, befreiter Lebendigkeit hindert.
Ich übergebe dir alles, was den Ausdruck der Liebe in mir
noch bremst. Senke dich in mich hinein und verbrenne
alles, was nicht mehr wirklich zu mir gehört.
Geliebtes Feuer, danke, dass du jetzt hier bist.
Danke, dass du mich berührst und durchdringst.
Danke, dass ich dich so erleben und dir die innere Arbeit
anvertrauen darf.

Spüre erneut deinen Atem. Lasse den Geist des Feuers dich übernehmen. Spüre im Sehnen und Brennen deines Herzens, was du zusätzlich als Dank und Wunsch an das Feuerelement ausdrücken möchtest.

Stichworte zu den Karten des Feuerelements

Ergänzend zu den Zahlenkarten der Stäbe sind auch noch sieben Karten der Großen Arkana dem Feuerelement zugeordnet. Es sind dies:

Der Kaiser: Dem feurigen Sternzeichen Widder zugeordnet. Die Farben dieser Karte symbolisieren pure Feuerkraft.

Schicksal: Dem Planeten Jupiter zugeordnet. Er ist der Planet der Expansion, der erleuchtenden Erweiterung. Geistiges Feuer.

Lust: Dem feurigen Sternzeichen Löwe zugeordnet. Pure Feuer-Intensität und lodernde Ekstase sind die Merkmale dieser Karte.

Kunst: Dem feurigen Sternzeichen Schütze zugeordnet. Die Alchemie, die durch die Hitze beim Verschmelzen von Gegensätzen entsteht. Die transformierende und reinigende Kraft des Feuers.

Der Turm: Dem Planeten Mars zugeordnet, dem Herrscher von Widder und Skorpion. *Der Turm* zeigt die explosive, zerstörende und verwandelnde Kraft des Feuers.

Die Sonne: Der Sonne zugeordnet, Inbegriff von Wärme, Licht und Leben.

Das Æon: Hat das alchemistische Symbol des Feuers, das Dreieck mit der Spitze nach oben. Geistig-spirituelles Feuer.

Ass der Stäbe

Stichworte

Reinigendes Feuer große Kraft befreite Energie
Willenskraft Dynamik Kreativität
Intensität Begeisterung

Die wichtigsten Symbole

Eine mächtige **Feuerfackel** repräsentiert die Qualitäten des Feuer-Elements. Die **grünen Blitze** zeigen die Dynamik kreativer Kraft, die alle selbst gesetzten Begrenzungen sprengt. Das Rot im Hintergrund deutet auf die enorme Kraft und vitale Energie, die jetzt als Potenzial zur Verfügung steht.

Bei genauerem Hinsehen erkennt man, dass zehn Flammen in der Struktur des **kabbalistischen Lebensbaumes** angeordnet und verbunden sind (vgl. die Karten *Zehn Scheiben* und *Zehn Kelche*). Dies lässt erkennen, dass die große Energie im Einklang mit der universellen Lebenskraft wirkt.

Vertiefung

In dir lodert ein Feuer, dessen Kraft dich über alle bisherigen Grenzen hinaustragen kann. Es zeigt deine Fähigkeit, dich für etwas zu begeistern und einzusetzen. Lasse dich von der Intensität deines Herzens beflügeln und schenke dich dem Leben. Du brauchst nichts weiter zu tun, als deiner Begeisterung und Freude Raum und Ausdruck zu geben!

Dieses Feuer der universellen Lebenskraft kann dich von Hemmungen und Blockaden befreien, so dass du dich selbst und andere dich kaum wiedererkennen. Lebe offen von Moment zu Moment, frei von alten Vorstellungen über dich, über die anderen und über die Welt! So gibst du den Kräften der Liebe Raum und diese können dein Leben verwandeln und immer wieder neu erfüllen. Dich voller Kraft zu fühlen ist in der Regel schön, denn es unterstützt dich, begeistert am Leben teilzunehmen.

Doch vielleicht kennst du auch den Zustand, in dem du gar nicht so recht weißt, was du mit all dieser Energie anfangen sollst und wie sie sich auf eine lustvolle Weise ausdrücken kann. Das ist dann eher unangenehm und kann dich mitunter sogar zur Verzweiflung bringen.

Darin liegt gerade für junge Menschen oft eine große Herausforderung. Viele tun dann etwas, einfach um den Überschuss an Energie loszuwerden und sich zu erleichtern. Dies kann harmlos, aber auch (selbst)zerstörerisch sein.

Am glücklichsten sind wir jedoch, wenn sich die Lebenskraft in uns kreativ ausdrücken kann, denn Kreativität steht immer in Bezug zu Liebe und Freude. Mit anderen Worten: Indem wir der Liebe und Freude in uns folgen, werden wir auf ganz natürliche Weise kreativ! Das ist es, was uns tief erfüllt und glücklich macht.

Originalbezeichnung im Englischen: *Ace of Wands*

Zwei Stäbe - Herrschaft

Stichworte

Sich durchsetzen oder behaupten
etwas beherrschen oder meistern
kriegerische Energie **zentrierte Kraft**

Die wichtigsten Symbole

Die zwei zentrierten Stäbe sind dargestellt in Form **alter Waffen**, die an tibetische Donnerkeile erinnern. Ihre Enden tragen Masken mit **Pferdeköpfen**, Sinnbilder für Temperament und Kraft. Die Spitzen sind mit **Schlangen** verziert, Hinweis auf die mögliche Zerstörung, die mit einer Erneuerung einhergehen kann. Die Flammen zeigen dynamische Kraft. Im Hintergrund begegnen sich Wasser und Feuer: Unvereinbare Gegensätze müssen kreativ überwunden werden.

Vertiefung

Menschsein bedeutet auch, sich den Herausforderungen des Lebens zu stellen. Niemandem bleibt dies erspart, denn das ist die Art, wie wir lernen und wachsen. Wenn die in uns schlummernden Kräfte nie erprobt werden, lernen wir sie nicht kennen und können sie nicht entwickeln.

Es gibt Situationen, in denen du dich aufrichten und durchsetzen musst. Prüfe, was dies gegenwärtig für dich bedeutet. Das Leben fordert dich auf, dir deiner Kraft bewusst zu werden und diese nicht länger zu verbergen. Mache dich nicht kleiner, als du bist, und lasse dich auf keinen Fall auf faule Kompromisse ein. Stehe zu dir, zu deiner wahren Größe und Power oder entdecke diese Seiten in dir ganz neu. Zentriere deine Kraft und setze dich durch, wenn du weißt, dass du im Recht bist.

Zwei Stäbe ist die Karte des makellosen Kriegers. Er ist sich stets bewusst, wofür er kämpft. Er nimmt die eigene Kraft zu sich zurück und behauptet sich mit fairen Mitteln. Selbst, wenn er Nein sagt und illusionäre Ansichten oder unrechte Umstände zerstört, bleibt er in der Mitte seines offenen Herzens zentriert und erlebt in allem den machtvollen Ausdruck einer tiefen, unerschütterlichen Liebe. So verhilft er dem Guten und Wahren zum Sieg, auch dann, wenn alles übermächtig gegen ihn zu stehen scheint. Indem er seine innere Feigheit besiegt und Mut zur Wahrheit beweist, stehen ihm immer mehr Fähigkeiten und Kräfte zur Verfügung. Allein dafür lohnt sich alles.

Originalbezeichnung im Englischen: *Dominion*

Drei Stäbe - Tugend

Stichworte

Lupenreiner, makelloser Neubeginn Reinheit und Frische
Makellosigkeit Ehrlichkeit Selbstvertrauen
Frühlingsbeginn

Die wichtigsten Symbole

Die **Blüten** auf den drei harmonisch zentrierten Stäben beginnen sich zu öffnen. Körper, Geist und Seele sind verbunden und ein glücklicher Neubeginn steht bevor. Aus dem Zentrum strahlt Kraft, Klarheit und Selbstvertrauen. Die Farbe **Orange** zeigt die freiwerdende Vitalität und Lebenskraft.

Vertiefung

Dies ist die Karte des Frühlingsbeginns. Nach langer Kälte und Dunkelheit bewirken Wärme und Licht eine Verwandlung und damit den Start in etwas Neues. Aus diesem Grund sollte der Untertitel in „Neubeginn" bzw. „Neuanfang" geändert werden. Frische Kräfte erfüllen dich und die Vergangenheit fällt von dir ab. Dein Atem fließt freier, Mut und Selbstvertrauen sind zurückgekehrt. Das Leben hat wieder einen Sinn, und du fühlst dich bereit, mit neuen Voraussetzungen ins Spiel des Lebens einzusteigen. Dich erfüllen Hoffnung und ein tiefer Glaube an deine Kräfte und Fähigkeiten.

Wenn Lebenskraft dich durchströmt, kommt es darauf an, was du mit ihr machst. Du kannst sie sinnlos vergeuden oder bewusst in etwas Schönes und Freudvolles fließen lassen. Energie ist ein Potenzial und du bist daran beteiligt, ob es destruktiv oder liebevoll zum Ausdruck kommt.

Alles hängt von der Reinheit deiner Wünsche und Ziele ab. Energie folgt der Aufmerksamkeit. Sobald du dich für Klarheit und Ehrlichkeit entscheidest, sind faule Kompromisse nicht mehr möglich. Die ganze Existenz gibt dir dann Rückenwind und unterstützt alle deine Vorhaben.

Originalbezeichnung im Englischen: *Virtue*

Vier Stäbe - Vollendung

Stichworte

Etwas vollendet sich
Vollständigkeit
harmonische Vereinigung
guter Abschluss bzw. gutes Ende

Die wichtigsten Symbole

Jeder der vier Stäbe trägt an einem Ende eine **Taube**, die das Sanfte, Weibliche repräsentiert und am anderen einen **Widderkopf**, der das Feurige, Männliche darstellt. Die Vereinigung der empfänglichen und aktiven Gegenpole macht uns vollständig (gelber Kreis) und kraftvoll (Flammen aus dem Zentrum).

Die Stäbe zentrieren sich im Mittelpunkt des Kreises und zeigen die durch Vereinigung entstehende Kraft aus unserer Wesensmitte.

Vertiefung

Wenn entgegengesetzte Kräfte zusammentreffen, kann es manchmal heiß hergehen, solange jeder den anderen zu übertreffen versucht. Doch anstatt miteinander zu kämpfen, können sich Gegenpole auch verbinden, um gemeinsam etwas ganz Neues und Vollendetes hervorzubringen. Sie erleben sich dann nicht länger als Rivalen, sondern erkennen gegenseitig im anderen die perfekte Ergänzung und fühlen sich voneinander angezogen. Die Beendigung eines alten Konfliktes kann so der Beginn einer neuen Wirklichkeit werden.

Ein solcher Schritt ist jetzt für dich möglich. Ein Konflikt oder eine Zerrissenheit kann sowohl in deinem Inneren als auch im äußeren Leben beendet werden. Wenn es dir gelingt, beiden sich im Widerstreit befindlichen Seiten anerkennend Raum zu geben, wird sich etwas entspannen und beruhigen. Etwas kann rund, gut und stimmig vollendet werden.

Darüber hinaus sind die *Vier Stäbe* ein Hinweis auf ein kreatives Potenzial, das jetzt in dir und im Zusammenspiel mit Menschen freigesetzt werden kann. Wenn du etwas abrundest und zu einem guten Abschluss bringst, dann schaffst du auch die Voraussetzungen, mit denen etwas ganz Neues in dein Leben kommen kann. So können Wünsche in Erfüllung gehen und Träume Wirklichkeit werden.

Originalbezeichnung im Englischen: *Completion*

Fünf Stäbe - Streit

Stichworte

Anstrengung **Widerstände** Konflikt **Streit im Innen wie im Außen** blockierte Energie **Ungeduld** Druck und Anspannung **zwanghaftes Streben** Energieverlust durch Eigenwillen

Die wichtigsten Symbole

Der **zentrale Stab** wirkt bleischwer und wird durch die vier Stäbe im Hintergrund sabotiert. Die **geflügelte Scheibe**, die normalerweise den Aufschwung der Lebenskraft repräsentiert, trägt einen Stern mit der Spitze nach unten. Dieser ist von kleinen Scheiben bedeckt. Das **Auge des Horus** (Wahrnehmung) hat die Klarheit seiner Sicht verloren. Auch die **Schlangen der Regeneration** wirken träge und unfrei. Die **Phönixköpfe** und **Blüten** auf den anderen Stäben sind voneinander abgewandt und können sich nicht mehr gegenseitig unterstützen. Die kleinen Flügel unten versuchen immer noch, den schweren Bleistab zu heben: Das Leben erscheint als Last. Das **Feuer** im Hintergrund deutet auf das immer noch vorhandene Energiepotenzial hin.

Vertiefung

Du setzt dich selbst unter Druck. Vielleicht versuchst du etwas zu erreichen und es funktioniert nicht so, wie du es gerne hättest. Denn widerstreitende Kräfte machen alle deine Versuche zunichte. Möglicherweise glaubst du, dass es nur noch mehr Anstrengung bedarf, um deinem Ziel näherzukommen. Doch alle deine Bemühungen verlaufen immer wieder im Sande. Du wirst wütend, kämpfst und greifst andere an, setzt deinen eigenen, persönlichen Willen gegen den Willen des Lebens ein. Je mehr du versuchst, mit dem Kopf durch die Wand zu gehen, desto mehr verletzt du dich und andere. So fühlst du dich zunehmend mutlos, enttäuscht und verärgert.

Mit Willenskraft, Kampf oder Auseinandersetzungen ist jetzt nichts erreichbar. Stattdessen musst du deine geballten Fäuste öffnen, tief durchatmen und für eine Weile deine zwanghaften, angst- und wuterfüllten Ideen loslassen. Nur dadurch gibst du dem Leben eine Chance, etwas erneut ins Fließen zu bringen. Tatsächlich sind alle Hindernisse und Widerstände, die dir im Außen begegnen, nichts anderes als eine Reflexion deiner inneren Blockaden. Das ist manchmal schwer einzusehen. Doch du kannst es in deinem Leben selbst erforschen.

Sobald du erkennst, auf welche Weise du dem Wirken der Lebenskraft durch dein eigenwilliges Streben, Denken und Handeln im Wege stehst, kannst du lernen, beiseitezutreten und Widerstände aufzugeben. Dies zu lernen ist wertvoll, denn damit öffnest du Tore für ein befreites und erfülltes Leben.

Originalbezeichnung im Englischen: *Strife*
Frühere Bezeichnung: *Streben*

Sechs Stäbe - Sieg

Stichworte

Sieg **Vertrauen** Kraft **Mut zur eigenen Wahrheit**

Die wichtigsten Symbole

Die sechs Stäbe sind harmonisch angeordnet und ergänzen sich in ihrer Wirkung. Die **Lotusblüten** (Liebe), die **Phönixköpfe** (Neubeginn) und die **geflügelten Kugeln mit den Schlangen** (Kreativität) sind vereint und stärken sich gegenseitig. Die Flammen brennen wieder und verleihen Energie.

Vertiefung

Sieg bedeutet hier eine mögliche Erweiterung deines Bewusstseins und deines Lebens. Jetzt kommt es ganz auf deine Ehrlichkeit und die Reinheit deiner Absichten an. Wenn du etwas vor hast oder tun musst, vollziehe es mit ganzem Herzen und aller Kraft. Halte nichts zurück und lasse dich ganz darauf ein. Je weniger du zweifelst oder zögerst, desto klarer wirst du siegen und das erreichen, was dir wichtig ist. Manchmal werden Kämpfe in unserem Inneren ausgetragen. Dann geht es darum, uns zu überwinden und frei zu werden von Angst, Selbstverurteilung und egoistischem Denken und Verhalten. Was immer sich in dir schwach, verletzlich und unsicher anfühlt, will von dir beachtet und liebevoll umarmt werden. Nur so können innere Wunden heilen und Herausforderungen in Siege verwandelt werden.

Originalbezeichnung im Englischen: *Victory*

Sieben Stäbe - Tapferkeit

Stichworte

Rohe, ursprüngliche Energie
stehe tapfer zu deiner Kraft und zu dir selbst
lasse dir nichts gefallen Tapferkeit
Durchsetzungsvermögen Risikobereitschaft
keine Kompromisse

Die wichtigsten Symbole

Im Zentrum des Bildes steht der **rohe, unbehandelte Stab**, Ausdruck einer wilden, ungezähmten Kraft. Die sechs Stäbe im Hintergrund tragen nur wenig verändert dieselben tibetischen Symbole wie die *Sechs Stäbe – Sieg*. Mit der Gewissheit des Sieges tritt eine frische, ursprüngliche Energie tapfer in Aktion. Das **dunkle Violett** des Hintergrundes ist die Farbe des Kriegers, der mutig kämpft und alles für einen siegreichen Ausgang einsetzt.

Vertiefung

Es gibt Situationen, in denen es weise ist, sich nicht einzumischen und den Dingen ihren Lauf zu lassen. Doch jetzt ist das Gegenteil angesagt. Wenn du versuchst, dich still aus der Affäre zu ziehen, wäre dies nichts anderes als Feigheit. Die gegenwärtigen Ereignisse verlangen, dass du dich zeigst – vor allem mit deiner Kraft, deinem Mut und deiner Bereitschaft, etwas zu riskieren. Es geht auch um dich, um deine Integrität und Wahrhaftigkeit. Deshalb dulde keine faulen Kompromisse. Tapferkeit bedeutet, auch dann zu dir und deiner Wahrheit zu stehen, wenn ein Sieg nahezu aussichtslos erscheint, wenn die Machtverhältnisse gegen dich sprechen und du offensichtlich am kürzeren Hebel sitzt. Jetzt kannst du Mut beweisen und offenen Herzens vertreten, was du tief in dir als richtig empfindest.

Das Wichtigste dabei ist, dein Herz nicht zu verschließen und immer daran zu denken, dass dein Sieg auch anderen Menschen zugutekommt. Und selbst, wenn du vorläufig nicht der oder die Gewinner*in bist, sollen alle Beteiligten sehen und spüren, dass du dennoch weiter an dich und die gute Sache glaubst.

Originalbezeichnung im Englischen: *Valour*

Acht Stäbe - Schnelligkeit

Stichworte

Dynamik

offene, ehrliche und harmonische Kommunikation

Kraft und Klarheit aus der Mitte

Überwindung von Missverständnissen

Die wichtigsten Symbole

Die acht **Stäbe**, die wie Feuerblitze aus dem Zentrum hervor gehen, sind Ausdruck von Dynamik und Spontanität. Der **geschliffene Kristall** in der Mitte steht für Klarheit, das **Quadrat** (im Hintergrund) für Blockaden der Vergangenheit. Der **Regenbogen** deutet auf Harmonie und Schutz bei einer offenen und ehrlichen Kommunikation.

Vertiefung

Mit der Energie dieser Karte fällt es dir leicht, Missverständnisse und alte Blockaden zu überwinden. Alles, was bisher einem offenen Austausch im Wege stand, spielt jetzt keine wichtige Rolle mehr. Nun hast du erneut die Gelegenheit, spontan auf andere zuzugehen und sowohl liebevoll als auch selbstbewusst auszudrücken, was dir auf dem Herzen liegt. Bist du dabei ehrlich, besteht eine große Chance, dass der andere sich auch öffnet.

Wesentlich für dein Selbstvertrauen ist – wie immer – die innere Gewissheit, dass du aufrichtig bist und zum Wohle aller handelst. Achte darauf, den anderen nicht anzugreifen, sondern zeige dich ihm in deiner Offenheit. Erwarte oder fordere nichts! Dann bist du geschützt und fühlst dich gut, ganz unabhängig davon, wie der andere reagieren mag.

Die *Acht Stäbe* ist eine Karte der Kommunikation, des Mitteilens aus deiner inneren Mitte heraus. Wir nennen die Karte: „Spontanität". Das heißt, ein direkter, spontaner Ausdruck deiner Energie und deiner Kraft, symbolisiert durch die acht Blitze, die aus dem Zentrum des Kristalls in alle Richtungen fließen. Du machst dich sichtbar. Das Ganze ist gesegnet und unterstützt von diesem herrlichen Regenbogen, der dich ermutigen und dir sagen möchte: Du bist geborgen, du darfst etwas riskieren, du darfst dich spontan und frei ausdrücken, dein Ausdruck ist geschützt.

Originalbezeichnung im Englischen: *Swiftness*

Neun Stäbe - Stärke

Stichworte

Wahre Kraft und Stärke
Unbewusstes kommt ans Licht
Befreiung von Schwächen

Die wichtigsten Symbole

Der **starke, vertikale Stab** in der Mitte verbindet Sonne und Mond. Die Kräfte des Unterbewussten (**Mond**) verbinden sich mit dem Licht des Bewusstseins (**Sonne**). Das setzt bislang ungenutzte Potenziale frei und zentriert die Kraft in deiner Mitte. Die acht wie Pfeile aussehenden Stäbe im Hintergrund sind mit vielen **Monden** verziert. Auch dies deutet auf ungeahnte, innere Kräfte, die aus der Dunkelheit der Unwissenheit befreit in das Licht der Bewusstheit gebracht werden.

Vertiefung

Wahre Stärke unterdrückt oder bekämpft nicht die Schwächen, sondern verbindet sich bewusst mit ihnen. Ebenso wäre es sinnlos, mit Dunkelheit zu kämpfen. Sobald ein Licht erstrahlt, existiert sie einfach nicht mehr. Schwächen, die erkannt und angenommen werden, können sich in Potenziale verwandeln.

Ganz gleich, ob du dich gerade eher auf der schwachen oder starken Seite fühlst, diese Tarotkarte weist dich darauf hin, dass in dir weit mehr Kraft vorhanden ist, als du es dir vorstellen kannst. Wenn du dich schwach fühlst, kannst du davon ausgehen, dass ein innerer Prozess von Reinigung, Erneuerung, Heilung und Erholung stattfindet. Suche das Alleinsein, entspanne dich so gut du kannst und nimm dich selbst aufmerksam wahr. Unternehme nichts, um die Schwäche zu beenden oder zu überspielen. Du kannst darauf vertrauen, dass sich bald eine ganz neue Kraft einstellen wird, wenn du dich tief auf das einlässt, was du gerade erlebst.

Fühlst du dich stark und auf dem Gipfel deiner Kraft, dann zeigen dir die *Neun Stäbe*, dass diese Stärke echt ist und sich möglicherweise noch steigern kann. Sei dir bewusst, dass deine Energie aus der Quelle deines wahren Wesens fließt. Dann kannst du sie genießen und segensreich mit deiner Umgebung teilen.

Begegne den Schwächen anderer gerade jetzt nicht überheblich oder herablassend, sondern verständnisvoll, geduldig und aufbauend. Setze die Lebenskraft, die dir geschenkt wird, dafür ein, die Sonne der Bewusstheit in diese Welt zu tragen, um die Kräfte der Liebe und Freude zu vermehren.

Originalbezeichnung im Englischen: *Strength*

Zehn Stäbe - Unterdrückung

Stichworte

Unterdrückung von Energie und Lebensimpulsen
Angst vor der eigenen Kraft
Angst vor Macht- und Kontrollverlust
Versuch, das Leben zu kontrollieren

Die wichtigsten Symbole

Die Farbe **Orange** und die acht Stäbe im Hintergrund zeigen ein großes Potenzial an Vitalität und Lebensfreude. Diese lebendige Energie wird jedoch unterdrückt von den zwei starken Stäben im Vordergrund. Sie tragen dieselben kriegerischen Symbole wie die Karte *Zwei Stäbe – Herrschaft*. Doch jene sind vereint und unterstützen sich, während diese getrennt stehen und eine starre *Blockade* bilden.

Vertiefung

Unterdrückung zeigt den Versuch, das Leben unter die eigene Kontrolle bringen zu wollen. Da ist Kampf und Widerstand gegen den natürlichen Fluss der Dinge. Dies kann sich sowohl gegen dich selbst richten als auch gegen den Lauf der Ereignisse in deinem Leben. Wenn du gegen die Impulse in deinem Inneren ankämpfst, zeigt das mangelnde Selbstvertrauen und zu wenig Selbstliebe. Du willst vielleicht bestimmte Gefühle und Empfindungen nicht wahrhaben und schenkst ihnen nicht die Beachtung, die sie jetzt brauchen. Oder du hast Wünsche, Sehnsüchte und Ängste, von denen du am liebsten frei sein würdest. Auch Glaubenssätze, alte innere Programme und Schuldgefühle haben die Fähigkeit, deine Lebenskraft zu unterdrücken. Du erlebst alles so heftig und glaubst, es unter Kontrolle halten zu müssen. Du lässt niemanden an dich heran, noch nicht einmal dich selbst.

Die *Zehn Stäbe* fordern dich deshalb auf, dich zu öffnen und etwas zu riskieren. Spüre hin und frage dich: Was halte ich unterdrückt? Was will ich nicht wahrhaben? Wovor laufe ich davon? Da viel Energie vorhanden ist, solltest du erst einmal Dampf ablassen, dich schütteln und dynamisch bewegen. Wenn es möglich ist, brülle auch mal laut. Gibst du deine Selbstbeherrschung kurz auf, kann die angestaute Wut zum Ausdruck kommen. Dabei löst sich sehr oft auch der darunterliegende Schmerz. Lasse allem genug Zeit und Raum, bis du innerlich erleichtert und gelöst bist.

Wenn du dich wieder ganz offen fühlst, unternimm etwas, was dir und vielleicht auch einem anderen Menschen Freude macht. Werde aktiv und kreativ! Sobald du der Freude und Liebe folgst, wirst du dich bald wesentlich befreiter fühlen.

Originalbezeichnung im Englischen: *Oppression*

Übung zum Element Feuer

Für diese Übung verwenden wir die 17 Karten des Elements Feuer (*Der Kaiser, Glück, Lust, Kunst, Der Turm, Die Sonne, Das Æon* und die Zahlenkarten des Feuerelements). Lege dir dein Notizbuch bereit.

Die Übung hat insgesamt drei Ebenen:

1. Ebene:

- Lege die Karten des Feuerelements aufgedeckt vor dich hin.
- Verbinde dich mit deinem Atem und Körper.
- Stelle dir die folgenden Fragen:
  „Wie kommt mein inneres Feuer in meinem Leben zum Ausdruck?“
  „Was begeistert mich?“
  „Was möchte ich aktiv in Angriff nehmen?“
- Finde aus den aufgedeckten Karten eine oder mehrere, die mit den Fragen resonieren. Notiere dir deine Gedanken, Gefühle und Assoziationen. Beim Feuerelement kannst du sehr kreativ und spontan vorgehen.

2. Ebene: „Der Weg“

- Stelle dir die Fragen: **„Wofür brenne ich?“** oder **„Was liebe ich mehr als alles andere?“**
- Wähle für diese Frage aus den 17 Karten des Elements Feuer eine Karte als **Leuchtturm-Karte** aus.
- Nimm die restlichen 16 Karten und mische sie gründlich.
- Lege sie verdeckt aus und ziehe davon drei Karten.

Lege sie wie folgt hin:

L = Leuchtturm-Karte

- Jede Karte repräsentiert einen Erfahrungsraum. Stelle dich zunächst mit den Füßen je links und rechts neben die erste und spüre ihre Energie. Wie fühlt sie sich an? Was nimmst du wahr? Hast du ein Gefühl, welche Karte es sein könnte?
- Drehe die Karte um und stelle dich noch einmal mit den Füßen je links und rechts neben sie. Spüre, erlebe, erfahre diese Energie auf dem Weg zu deinem Lebensbereich. Gehe in eine Körperhaltung, die diese Erfahrung repräsentiert. Je mehr du deinen Körper einsetzt, desto klarer und deutlicher wird das innere Erleben.
- Dann stelle dich mit den Füßen je links und rechts neben die zweite und dritte Karte und erlebe sie ebenso.
- Zum Schluss stelle dich mit den Füßen je links und rechts neben deine Leuchtturmkarte. Wie fühlt sie sich jetzt an, nachdem du die drei Schritte gegangen bist? Kannst du mit jeder Zelle deines Körpers fühlen, was du liebst und wofür du brennst? Lasse dir Zeit und gehe ganz in das Fühlen und Erleben.
- Notiere am Ende der Übung deine Impulse, Gefühle und Wahrnehmungen der einzelnen Schritte auf deinem Weg.

3. Ebene: Im dritten Schritt der Übung stellst du dir die Frage: **„Was möchte ich dem göttlichen Feuer zur Transformation übergeben?"** Dazu machst du ein kleines Ritual. Notiere die Lebensbereiche, in denen du mehr Transformation und Begeisterung in deinem Leben zulassen möchtest.

- Visualisiere ein heiliges Feuer unmittelbar vor dir. Dann sprichst du laut den folgenden Satz: „Ich übergebe jetzt dem göttlichen Feuer …".
- Benenne die Bereiche, die du aufgeschrieben hast. Folge deiner inneren Intensität und stelle dich dazu hin. Lasse dich dabei die Intensität deines Herzens spüren.
- Wiederhole diesen Satz mehrmals, bis sich ein inneres Erleben von Erleichterung und Befreiung einstellt. Lasse dir viel Zeit und verbinde dich immer wieder neu mit deinem Atem.
- Wenn du magst, kannst du am Ende für die übergebenen Bereiche jeweils noch eine Karte ziehen. Diese zeigen dir, wohin es dich geführt hat.
- Sollte eine Transformationskarte erscheinen, beispielsweise die *Fünf* oder die *Zehn Stäbe*, dann deuten diese darauf hin, dass der Prozess der Transformation in diesem Bereich noch nicht abgeschlossen ist. In diesem Fall wiederhole das Ritual zu einem späteren Zeitpunkt.

Einführung in das Element Luft

Das Element Luft, ein männliches Element, steht für Gedankenkräfte und wird symbolisiert durch die Karten der Schwerter.

Gebet zum Element Luft

Lass mich sein, wie die Luft ist.
Lass mich wie die Luft eine tragende Kraft sein.
Die Kraft, die die Mücke so sicher trägt wie den Adler.
Ohne Mühe erreicht sie den höchsten Berggipfel,
bewegt die Zweige einer Linde als Abendwind
oder verwandelt als Sturm die Erde.
Und immer bleibt sie unsichtbar
und verrichtet doch stets ihr Werk.

Die Luft gibt ohne Preis und versagt sich nie.
Sie ist niemals erschöpft und füllt doch jede Leere aus.
Luft ist der Atem des Lebens,
denn ohne sie ist kein Leben möglich.

Lass mich sein, wie die Luft ist.
Die Luft, die durch nichts begrenzt ist.
Lass mich überall sein, wo ich gebraucht werde
und mein Werk tun, ohne auf Dank zu achten.

Das Luft-Element steht für Kommunikation, Austausch, Gedankenkräfte, Sprache, geistige Flexibilität, Weite, Freiheit, Fantasie, Übersicht, klare Einsichten, Planungen, Ziele, Intuition und Inspiration.

Hiermit öffnen wir uns dem Potenzial mentaler Klarheit, der Fähigkeit, das Leben von einer höheren Warte aus zu betrachten.

Im Zustand geistiger Freiheit treffen wir die richtigen Entscheidungen.

Mit den unbestechlichen Augen des Luft-Elements können wir im Reservoir des unbegrenzten Wissens forschen. So können wir uns zeigen lassen, was gerade jetzt für unser Leben an Hinweisen und Impulsen benötigt wird.

Dieses Element fordert uns auf, die Kraft unserer Gedanken und Inspirationen zu gebrauchen, um unsere Herzenswünsche zu erkunden. Wir können neue Entscheidungen treffen sowie klare Absichten und Ziele formulieren. Wir erforschen die Qualitäten unserer Denk- und Sprechgewohnheiten und werden uns der schöpferischen Kraft unserer Gedanken bewusst. Dies alles führt zu Klarheit und Transparenz unseres Wollens und Wirkens.

Anrufung des Luft-Elements

Geliebter Geist der Luft!
Bewusst atmend öffne ich mich jetzt,
dich von innen her zu erfahren und mich
von deiner Klarheit und Weite erfüllen zu lassen.

Nimm mich mit auf deinen Schwingen,
sodass ich Zweifel und Enge zurücklassen kann.
Zeige mir, was jetzt in meinem Leben geordnet
und neugestaltet werden soll.
Lass mich klar und konsequent
für das einstehen und das aussprechen,
was meinem tiefen inneren Wissen entspricht.

Befreie den Ausdruck meines Wesens,
sodass sich meine höchsten Potenziale entfalten können.

Lasse mich sichtbar werden und meine Worte und Gedanken zur Klärung und Befreiung beitragen. Aus tiefstem Herzen übergebe ich dir alle einengenden und selbstbegrenzenden Gedanken für vollständige Transformation.

Schenke mir die Einsichten und Inspirationen, die ich jetzt für mein Leben brauche. Erfülle mich mit neuer Klarheit, um meiner inneren Wahrheit zu folgen und mutig die Entscheidungen zu treffen, die jetzt in meinem Leben anstehen.

Danke für deine Frische und Reinheit, die alle Bereiche meines Lebens klärt und befreit. Danke, dass du meinen Geist erhebst, sodass ich mich und meine menschlichen Angelegenheiten aus höherer Warte sehen und verstehen kann.

Stichworte zu den Karten des Luftelements

Ergänzend zu den Zahlenkarten der Schwerter sind auch noch fünf Karten der Großen Arkana dem Luftelement zugeordnet. Es sind dies:

Der Narr: Hat das alchemistische Symbol des Luftelements, das doppelrandige Dreieck mit der Spitze nach oben. Er repräsentiert die Freiheit und Weite der Luft.

Der Magus: Dem Planeten Merkur zugeordnet. Herrscher der Sternzeichen Zwillinge und Jungfrau. Beide enthalten die Qualitäten von Kommunikation, Denken, Sprache und Austausch.

Die Liebenden: Dem luftigen Sternzeichen Zwillinge zugeordnet. Obwohl die Farben dieser Karte wenig Luftiges besitzen, ordnen wir sie wegen der astrologischen Luftqualität und den Aspekten von Begegnung und Kommunikation dem Luftelement zu.

Die Ausgleichung: Dem luftigen Sternzeichen Waage zugeordnet. Hier finden wir die Luftqualitäten von Klarheit und Meditation, wenn die Gedanken still werden und die innere Mitte gefunden ist.

Der Stern: Dem luftigen Sternzeichen Wassermann zugeordnet. Hier finden wir die geistigen Qualitäten der Luft in Form von Transparenz, Durchlässigkeit und Inspiration.

Beim Luftelement kannst du gut erkennen, wie störanfällig der Verstand und das Denken sein können, denn die Mehrheit der Luftkarten zeigt das Element aus der Balance. Andererseits ist das auch ein Vorteil. Wenn du nämlich Karten ziehst, die das Element aus der Balance zeigen und du siehst, es ist eine Schwertkarte, dann kannst du dir sagen: Ah, die Disbalance ist also nur in meinem Kopf. So schnell der Verstand und das Denken aus der Balance fallen können, so schnell kommen sie auch wieder ins Gleichgewicht.

Ass der Schwerter

Stichworte

Höchste Klarheit **Gedanken schaffen neue Realitäten**
Kraft des Bewusstseins **geniale Inspiration**

Die wichtigsten Symbole

Das große, aufrechte Schwert ist Symbol für kreative Kraft (Farbe **Grün**), die durch geistige Klarheit gekrönt ist (**blau-gelbe Krone**). Dieser Kraft ist der Sieg gewiss. Die Klinge des Schwertes trägt das griechische Wort für klaren Willen. Der Griff ist mit einer **Schlange** umwickelt und mit **zwei Sicheln** und **drei Kugeln** verziert. Die Sicheln können als Monde und die Kugeln als Sonnensymbole gedeutet werden. Die Kräfte des Unbewussten (Mond) gelangen ans Licht (Sonne) und können vom Bewusstsein als Kreativität eingesetzt werden. Das bedeutet einen Prozess der Transformation, der Umwandlung, für den die Schlange ein Symbol ist. Die Dunkelheit und Umwölkung – Unwissenheit und Zweifel – weichen der Klarheit. Der Himmel öffnet sich. Die Sonne, die Lichtbringerin, geht golden über dem Meer der Emotionen auf und lässt die Kristalle der Klarheit sichtbar werden, die im Leben neue Wirklichkeiten erschaffen.

Vertiefung

Vertraue dir selbst, deiner eigenen Wahrnehmung, deinem inneren Wissen. Das muss nicht immer identisch sein mit dem, was andere sagen oder was Autoritäten verkünden. Wenn du deine Aufmerksamkeit ganz in deiner Mitte zentrierst, unbeeinflusst hinsiehst und hineinspürst, wenn du radikal ehrlich dir selbst begegnest, kann sich plötzlich Klarheit in dir einstellen. Du siehst die Wirklichkeit unbestechlich und eindeutig. Tiefe Erkenntnisse stellen sich über dich und dein Leben ein, über andere Menschen und Situationen.

Das Schwert der Klarheit eröffnet dir Einblicke, die du nicht leugnen solltest. Sie haben Konsequenzen für dein Leben und deine Beziehungen. Inneres Wissen ist eine Aufforderung, zu handeln. Es will ausgedrückt und mitgeteilt werden. Das kann unbequem sein, denn es rüttelt dich und andere auf. Jetzt ist es wichtig, deine Kraft und Klarheit als einen Aspekt von Liebe zu betrachten. Ohne Liebe ist ein Schwert ein Instrument der Vernichtung. Lieblos ausgedrückte Klarheit verletzt und zerstört. Doch verbunden mit der Kraft von Mitgefühl und Liebe reißt sie die Menschen aus Dumpfheit und Lethargie, indem sie auf heilsame Weise schockiert. Wenn es dir gelingt, dich nicht über andere zu stellen, sondern ihnen auch dein Verständnis zu zeigen, fühlen sie sich nicht angegriffen. Stattdessen werden sie dankbar sein für die neuen Wege, die du ihnen aufzeigst und für deine Ermutigung, diese auch zu gehen. Mache dich nicht abhängig von den Reaktionen anderer. Gehe deinen Weg, auch dann, wenn er dich erstmals ins Alleinsein führen sollte.

Originalbezeichnung im Englischen: *Ace of Swords*

Zwei Schwerter - Frieden

Stichworte

Frieden **Harmonie** Klarheit **Vertrauen**
Zufriedenheit **konstruktive Auseinandersetzung**
Entscheidungskraft

Die wichtigsten Symbole

Die zwei **gekreuzten Schwerter** symbolisieren die Entscheidung für Frieden. Die Blüte in der Mitte zeigt die Bereitschaft zu Liebe und Einsicht anstelle von Kampf und Gewalt. Die **vier Propeller** weisen in die vier Himmelsrichtungen und deuten darauf hin, dass sich nun Frieden unbegrenzt in alle Richtungen ausbreiten kann. Tiefer geistiger Friede (Farbe **Gelb**) verbindet sich mit den Kräften der Erneuerung (Farbe **Grün**).

Vertiefung

Wie Liebe, Freude und Freiheit, so ist auch Frieden ein Grundaspekt deines Seins. Wenn es dir möglich ist, auch nur für eine kurze Zeitspanne, den Ort inneren Friedens aufzusuchen, öffnet sich dein Herz wie von selbst. Du weißt und fühlst dann mit jeder Faser deines Seins: „Alles ist gut, so wie es ist!“ Es ist nicht nötig zu kämpfen, nichts muss erreicht oder verändert werden, denn das Wichtigste, das Wesentliche ist bereits da: Ich bin.

Frieden ist eine Realität deiner wahren Natur! Sobald die Waffen widerstreitender Gedanken und Gefühle ruhen, sobald das Urteilen deines Verstandes endet, bist du mitten in der Essenz deines Wesens. Das ist sehr kostbar, denn die meisten Menschen erleben solche Momente des Seins höchst selten. Allzu sehr hält sie der Lebenskampf mit seinen ständigen Anforderungen und Ablenkungen gefangen. Doch schon die kleinste Berührung mit der unsagbar friedvollen Realität ihres Wesenskerns verändert ihr Leben nachhaltig. Denn jeder sehnt sich nach dieser Einheit mit dem wahren Selbst. Sobald du erkennst, dass dies auch dich betrifft, erhält dein Leben einen neuen Sinn und eine neue Ausrichtung. Immer mehr bist du dann in der Lage, Wesentliches von Unwesentlichem zu unterscheiden. Das wirkt sich auf alle deine wichtigen Lebensentscheidungen aus. Ganz von selbst wählst du mehr und mehr die Erfahrungen, die dir guttun, dir Freude machen, weil dein Herz darin ganz aufgeht. Und inmitten aller Herausforderungen deines Lebens erinnerst du dich immer wieder an den grenzenlosen Frieden und die unzerstörbare Harmonie deines innersten Seins.

Originalbezeichnung im Englischen: *Peace*

Drei Schwerter - Trauer

Stichworte

Kummer Sorgen **Zweifel** Ängste
Eifersucht düstere Gedanken **Unklarheit**
alte Verletzungen im Liebesbereich

Die wichtigsten Symbole

Das **zentrale Schwert der Klarheit** wird durch zwei kleine, **krumme Schwerter (Zweifel)** gestört. Die **Rose der Weisheit** ist verletzt und verliert ihre Blütenblätter. **Dunkle Wolken** (Ängste, Sorgen) sind aufgezogen und zerstreuen die Kristalle der Klarheit.

Vertiefung

Verlorengegangene Klarheit öffnet den Zugang für destruktive Gedanken in Form von misstrauischen Erwartungen, niederdrückenden Grübeleien und schlimmsten Befürchtungen.

Diese trennen uns von der Kraft unseres inneren Wissens und machen eine Herausforderung zum Problem. Sie können uns sogar zu Reaktionen und Handlungen hinreißen, die wir später bereuen. Neue Klarheit stellt sich dann ein, wenn wir bereit sind, der Realität, so wie sie ist, ins Auge zu sehen. Das beinhaltet immer auch eine tiefe Begegnung mit uns selbst und anderen, die uns hilft, klare Entscheidungen zu treffen.

Da keine andere Karte das Thema Eifersucht so deutlich anspricht, soll an dieser Stelle etwas zu diesem wichtigen Gebiet gesagt werden. Früher oder später lernt wohl jeder Mensch das Gefühl von Eifersucht kennen und weiß, wie intensiv und qualvoll es sein kann. Wir glauben und hoffen, bei unserer oder unserem Geliebten etwas zu finden, was uns fehlt. Wir fühlen uns so gut, wenn unsere Anziehung auf Gegenseitigkeit beruht und ein geliebter Mensch uns zurück liebt und begehrt. Der/die andere soll uns vollständig machen. Wendet er oder sie sich jemandem anderen zu (und damit von uns ab), werden tiefsitzende Überlebensmechanismen in Form von Verlustangst, Trauer und Schmerz in uns aktiviert. Wir kämpfen und leiden.

Dieses Leid kann jedoch nur entstehen, wenn wir uns im Bewusstsein der Trennung befinden. Denn eine Zweisamkeit, die durch das Teilen von Liebe durch einen Dritten gestört werden kann, ist keine wirkliche, echte, friedvolle Zweisamkeit. Eifersucht entspringt unserer Instinktnatur. Sie ist nichts Falsches und wir dürfen sehen, dass sie aus der Illusion des Getrenntseins kommt.

Es gibt jedoch einen Weg, Eifersucht zu überwinden und die in ihr liegende Kraft und Intensität für Wachstum und Befreiung zu nutzen. Er besteht ganz einfach darin, immer wieder aufs Neue dorthin zu gehen, wo der Schmerz im Inneren erfahren wird. Kämpfe nicht gegen die Situation, erpresse nicht deine*n Partner*in oder den oder die Rival*in. Versuche nichts im Außen zu verändern! Gehe ganz nach innen, dorthin, wo du den Schmerz am intensivsten fühlst. Atme bewusst in die Intensität hinein; werde eins mit der Energie von Trauer, Schmerz, Angst und Panik. Renne nicht davon, versuche nicht, dich zu schützen, bleibe offen! Das ist eine der größten Herausforderungen. Wenn du dazu bereit bist, kannst du etwas Erstaunliches erfahren: Dein Mut und deine Liebe verwandeln das Leiden, das aus Angst und Widerstand hervorgegangen ist, in einen strahlenden Raum von Freiheit und Frieden. Davon berichten alle Menschen, die einen intensiven Schmerz angenommen und vollständig umarmt haben. Das Maß deiner inneren Freiheit zeigt die Kraft deiner Liebesfähigkeit.

Originalbezeichnung im Englischen: *Sorrow*
Frühere Bezeichnung: *Kummer*

Vier Schwerter - Waffenstillstand

Stichworte

Den Kampf beenden Vorstufe des Friedens
der Fokus ist auf das Wesentliche gerichtet neue Klarheit
zum Essentiellen zurückfinden Ruhe Gelassenheit

Die wichtigsten Symbole

Die **Spitzen der vier Schwerter** (Gedanken) zentrieren sich im Mittelpunkt der entfaltenden **Rosenblüte** (Weisheit). Das **grüne Kreuz** hinter den Schwertern zeigt die Verbindung von vier Aspekten des Menschen: Körper, Gefühle, Gedanken, Seele.

Vertiefung

Du hast dich vielleicht mit anderen gestritten oder tief in dir haben heftige Kämpfe gewütet. Jetzt ist die Zeit der inneren oder äußeren Konflikte vorbei. Fühle, wie der Sturm sich legt und etwas in dir zur Ruhe kommt. Du kannst dich selbst und die Welt ganz anders wahrnehmen.

Wenn du große Widerstände gegen etwas in dir oder deiner Umgebung hattest, können diese nun immer mehr schmelzen. Entdecke, dass du gar nicht kämpfen musst, um zu dir und deiner Wahrheit zu stehen! Ganz im Gegenteil: Je klarer du weißt, was für dich stimmt, desto ruhiger und sicherer kannst du es anderen mitteilen. Dann brauchst du dabei dein Herz nicht mehr zu verschließen. Indem du deine Widerstände gegen dich selbst und das Leben erkennst und sein lässt, bekommst du wirklich das, was du brauchst und wonach du dich sehnst – vielleicht ganz anders, als du dachtest, doch immer richtig.

Und du kannst sogar noch einen Schritt weitergehen. Beobachte deine Gedanken und nimm wahr, was sie denken. Dann richte sie wie die vier Schwerter auf einen einzigen Punkt und damit auf das Wesentliche: die Liebe. Das ist das Wichtigste überhaupt. Wenn du deine Gedanken auf die Liebe fokussierst, hört der Kampf augenblicklich auf.

Originalbezeichnung im Englischen: *Truce*
Frühere Bezeichnung: *Waffenruhe*

Fünf Schwerter - Niederlage

Stichworte

Angst vor einer Niederlage mangelndes Vertrauen Angst vor Verlust oder schmerzhaften Erfahrungen Angst, zu versagen

Die wichtigsten Symbole

Die fünf gebogenen und verletzten Schwerter bilden ein Fünfeck (**Pentagramm**) mit der Spitze nach unten. Es steht auf dem Kopf und zeigt, dass das Gleichgewicht verloren wurde. Die Blutstropfen erinnern an alte Wunden, die erneut aufgebrochen sind. Die Symbole auf den Schwertgriffen deuten auf verschiedene Aspekte dieses Zustandes hin:

1. **Der Fisch** – die alte Vergangenheit;
2. **Die schlafende Schlange** – es findet keine Erneuerung statt;
3. **Die nach unten gerichtete Krone** – die Klarheit ging verloren;
4. **Das Widderhorn** – es fehlen Kraft und Hoffnung;
5. **Die Muschel** – Bedürfnis nach Schutz.

Vertiefung

Vielleicht steht dir etwas Wichtiges bevor und du hast große Angst, zu verlieren oder zu versagen. Du weißt, dass es Situationen gibt, die du nicht kontrollieren kannst. Du fühlst dich unfähig, klein, macht- und hilflos. Wahrscheinlich würdest du dich am liebsten zurückziehen und unbemerkt bleiben.

Gib dir jetzt Zeit und Raum, um dich tief fallen zu lassen! Kommt Zeit, kommt Rat. Gibst du dir erst einmal Raum, werden sich die inneren Wogen bald glätten. Dann ahnst du schon, dass die angstauslösenden Vorstellungen sich nur in deinem Kopf abspielen und mit der Wirklichkeit nicht viel zu tun haben. Je genauer du dir bewusst bist, wovor du eigentlich Angst hast, desto unwahrscheinlicher ist es, dass du das auch real erleben wirst.

Nur unbewusste Ängste sind gefährlich, denn sie wirken aus dem Hinterhalt. Die Tarotkarte *Fünf Schwerter* will dir helfen, dir deiner Ängste bewusst zu werden, denn dadurch entladen sie ihre Energie und verlieren ihre Power. Indem du deinen Ängsten bewusst begegnest, stellen sie sich als Illusion heraus. Denn jeder Form von Angst liegt ein Irrtum zugrunde, eine Unwissenheit. In der Begegnung mit der Angst kannst du diesen Irrtum durchschauen.

Originalbezeichnung im Englischen: *Defeat*

Sechs Schwerter - Wissenschaft

Stichworte

Den Fokus auf das Wesentliche richten

Beginn einer neuen Klarheit

Wissenschaft = Wissen schaffen = neu gewonnene Erkenntnisse

Die wichtigsten Symbole

Die Schwerter stehen für Geistes- und Gedankenkräfte. Das **Kreuz mit der Rose** symbolisiert Wissen und Erkenntnis (Kreuz), gewachsen auf dem Boden bedingungsfreier Liebe (Rose). Wenn sich unsere ganze innere Kraft auf das Wesentliche, die Liebe richtet, entsteht inmitten von Gedankenchaos und Verwirrung (**ungeordnete Propeller außen**) ein Kreis neuer Klarheit in unserer Mitte.

Vertiefung

Wissenschaft zeigt den Wunsch und die Möglichkeit, durch Einsicht und Erfahrung neues Wissen zu erschaffen. Oftmals stürzen zahlreiche Eindrücke und Ideen auf dich ein. Im Kopf herrscht Chaos und im Bauch flattern die Schmetterlinge. Und gerade jetzt wäre es hilfreich, mehr Klarheit zu haben. Tiefe Ruhe und innere Gewissheit können sich jedoch erst dann einstellen, wenn du weißt, was für dich in deinem jetzigen Leben wichtig ist und oberste Priorität besitzt. Wenn du das für dich herausfinden kannst, erlebst du augenblicklich eine ganz neue Klarheit und Kraft. Wichtig dabei ist, dass du es auch wirklich tief in dir fühlst, so dass es nicht nur eine Idee in deinem Kopf bleibt.

Indem du dir vorstellst, wie in der Mitte deiner Brust eine Rose erblüht, verbindest du dich mit der Kraft der Liebe. Wenn sich dein Herz weit und offen anfühlt, kannst du sicher sein, das Wesentliche gefunden zu haben. Dein Herzzentrum, die Mitte deiner Brust, verbindet dich mit deiner Wesensmitte, in der du alle Qualitäten findest, die du suchst und brauchst, wie z. B. Liebe, Freude, Klarheit, Frieden usw. Diese strahlen dann in dein Menschsein, sobald du mit deinem Herzen verbunden bist.

Originalbezeichnung im Englischen: *Science*

Sieben Schwerter - Vergeblichkeit

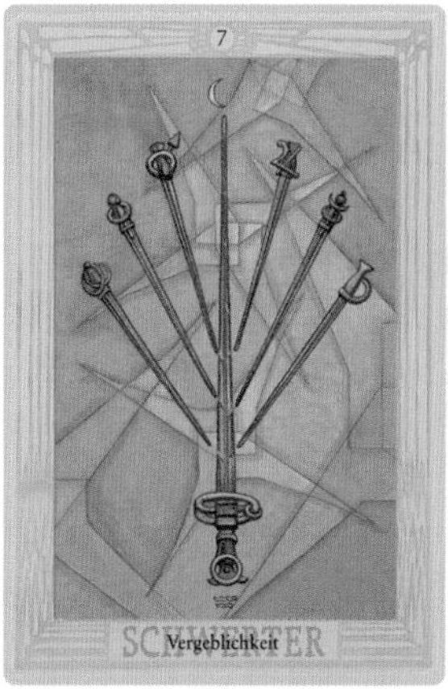

Stichworte

DIE Karte des Selbstzweifels
Zweifel an sich selbst bedeuten auch immer Zweifel am Leben ein fehlendes Urvertrauen in das Leben
verlorene Klarheit Entmutigung **Hoffnungslosigkeit**
alles Bemühen erscheint vergeblich **Resignation**
Beeinflussbarkeit **negative Erwartungen**

Die wichtigsten Symbole

Das zentrale **Schwert der Klarheit** (vgl. *Ass der Schwerter*) wird durch sechs kleine Schwerter angegriffen und geschwächt. Dadurch verliert es seine Schlagkraft und Durchsetzungsfähigkeit. Die sabotierenden Schwerter stehen für negative, entmutigende Gedanken. Die **Planetensymbole** an ihren Griffen geben Aufschluss über die Qualität der schwächenden Vorstellungen.
Von links nach rechts:

1. **Neptun:** „Alles erscheint wie in Nebel getaucht. Ich weiß nicht wirklich, was ich will."
2. **Venus:** „Ich kann es nicht glauben! Das ist zu schön, um wahr zu sein."
3. **Mars:** „Mir fehlt die Kraft und das Können. Ich bin nicht gut genug. Ich schaffe das nicht."
4. **Jupiter:** „Das ist einfach zu viel des Guten! So viele Geschenke bin ich gar nicht wert. Erfolg macht mir Angst."
5. **Merkur:** „Die Menschen verstehen mich nicht. Ich kann mich nicht ausdrücken. Meine Meinung ist ja doch nicht gefragt."
6. **Saturn:** „Das ist viel zu kompliziert und anstrengend! So viel Mühe lohnt sich nicht. Ich versuche es erst gar nicht."

Dadurch verliert die **Sonne** auf dem Griff des großen Schwertes, die das Ich und die Lebensfreude repräsentiert, ihre Strahlkraft. Alle Schwerter (alle Gedanken) werden grau und farblos. Der blaue Hintergrund weist darauf hin, dass sich dies alles nur im Kopf, d.h. auf der Ebene der Gedanken abspielt.

Vertiefung

Es gibt Momente, in denen das ganze Leben grau und trostlos erscheint. Vielleicht warst du noch vor Kurzem ganz klar und voller Zuversicht. Doch dann geschieht etwas – vielleicht nur eine Bemerkung aus dem Munde eines für dich wichtigen Menschen – und es trifft dich wie ein Schlag. Du sinkst in dich zusammen und kannst keinen klaren Gedanken mehr fassen. Deine Lebensfreude ist erloschen und nichts ist da, woran du dich aufrichten könntest.

Manchmal wachst du vielleicht schon in diesem Zustand der Mutlosigkeit auf. Die Gedanken an das, was an diesem Tag auf dich zukommt, sind bedrückend und du möchtest am liebsten gar nicht erst aufstehen. Du erwartest nichts Gutes, nichts, das dich erfreuen könnte, nichts, das sich lohnt, das du liebst, das dich motivieren und aufheitern könnte. Dem Leben fehlt jeder Sinn und alle Bemühungen erscheinen vergeblich.

Doch dann geht das Leben weiter. Irgendwann musstest du doch aufstehen, und obwohl du dich dabei lustlos gefühlt hast, passiert gar nichts Schreckliches. Sobald du dich bewegst, bewusst atmest und einfach die anstehenden Dinge tust, geht es dir schon wesentlich besser. Und auf einmal bemerkst du, dass du geschmunzelt oder sogar kurz aufgelacht hast, weil du vielleicht etwas komisch fandest. Für einen Moment warst du von deinen düsteren Gedanken abgelenkt und der Himmel heiterte sich sofort auf. Du erkennst einmal mehr: „Die Qualität meiner Gedanken erschafft meine Realität!"

Originalbezeichnung im Englischen: *Futility*

Acht Schwerter - Einmischung

Stichworte

Zweifel stören die Klarheit
Unvorhergesehenes durchkreuzt Pläne
Zwiespalt Unsicherheit Qual der Wahl
eine Entscheidung ist erforderlich

Die wichtigsten Symbole

Zwei starke, gerade Schwerter werden von **sechs krummen Säbeln** gekreuzt. Die Schwerter zeigen zwei Möglichkeiten oder zwei Seiten, bei denen eine Entscheidung ansteht. Sie symbolisieren die beiden Seelen in deiner Brust: einerseits – andererseits. Die Säbel sind die sich einmischenden Gedanken, die eine Entscheidung schwer machen oder verhindern. Die düsteren Farben und chaotischen Strukturen im Hintergrund zeigen, wie qualvoll eine Wahl doch sein kann.

Vertiefung

Wenn Unsicherheit und innerer Zwiespalt dir Kraft und Frieden rauben, ist es, als kämpften zwei Seelen in deiner Brust. So sehr du auch deinen Kopf bemühst – es scheint keine zufriedenstellende Lösung zu geben. Wenn eine Seite sich durchsetzt, leidet die andere. Es scheint unmöglich, zufriedenstellende Kompromisse zu finden. Wenn andere Menschen zusätzlich ins Spiel kommen, wird das ganze Dilemma noch schlimmer. Jeder erwartet von dir etwas anderes und die unterschiedlichsten Ratschläge zerreißen dich. Je mehr du versuchst, die Erwartungen anderer zu erfüllen, desto verworrener fühlst du dich. Hilflos sitzt du zwischen den Stühlen. Im Bemühen, es allen recht zu machen, entfernst du dich nur noch weiter von deiner inneren Klarheit, die jetzt so notwendig gebraucht wird.

Lasse den inneren Aufruhr für eine Weile still werden, indem du tief entspannt durchatmest und dich fragst: „Wovor habe ich eigentlich Angst?" Wenn du deine Ängste tief und ehrlich erforschst, löst sich der größte Teil deines inneren Stresses auf und Klarheit beginnt, sich langsam wieder einzustellen. Dann erkennst du, dass das Leben bereits eine Entscheidung vorgesehen hat, die nur noch von dir angenommen und nachvollzogen werden will. Wenn du dabei etwas loslassen (oder auch „Federn lassen") musst, kannst du davon ausgehen, dass dies jetzt das Beste ist. Schon in ein paar Wochen oder Monaten wirst du darüber lächeln können.

Solltest du trotz deines inneren Forschens immer noch keine Klarheit in dir haben, dann bist du eingeladen, eine klare Entscheidung zu treffen. Wie findest du zu einer klaren Entscheidung? Mit Hilfe des Werkzeugs **Tarot**. Richte dich aus auf deine Innere Weisheit und Führung und vertraue auf die Hinweise, die du über die Karten von ihr bekommst. Dann taste dich Schritt für Schritt aus der inneren Gespaltenheit und Zerrissenheit heraus.

Originalbezeichnung im Englischen: *Interference*

Neun Schwerter - Grausamkeit

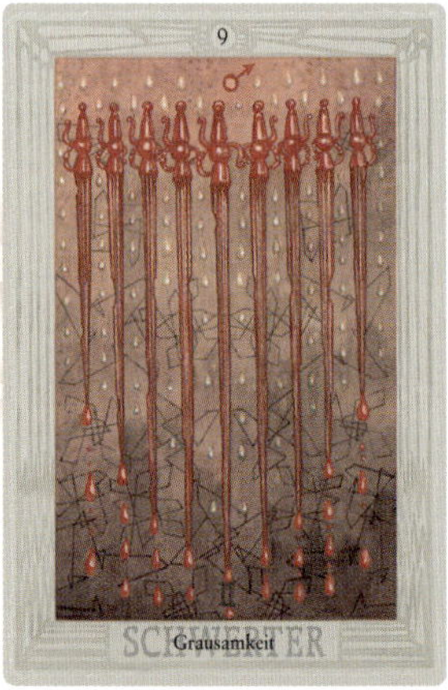

Stichworte

DIE Karte der grausamen Urteile sich selbst und anderen gegenüber

vernichtende Vorwürfe Verurteilung Rache

Die wichtigsten Symbole

Die **neun Schwerter** zeigen mit den Spitzen nach unten und sind rostig und schartig. Aus ihren Spitzen tropft **Blut**, das durch verletzende Gedanken vergossen wird. Die Tränen zeugen von großem Leid, das durch Härte und Lieblosigkeit hervorgerufen wird. Die chaotischen Propeller im Hintergrund zeigen, dass Klarheit im Gedankenchaos verlorenging. Die sich selbst stechenden Skorpionstacheln an den Griffen der Schwerter deuten auf Selbstzweifel und -vorwürfe.

Vertiefung

Falls es nicht schon geschehen ist, besteht bei dieser Karte die Gefahr, dich selbst und andere zu verletzen. Zunächst schaue einmal bei dir selbst. Gibt es in dir negative Gedanken und grausame Urteile über dich selbst? Wenn ja, kannst du erkennen, wie du sie gegen dich selbst richtest?

Wie könnten solche grausamen Urteile gegen dich aussehen?

* Ich bin nichts wert.
* Ich bin nie gut genug.
* Die Liebe, nach der ich mich sehne, ist unerreichbar.
* Ich schaffe das nicht.
* Ich bin zu dick/zu dünn, zu alt/zu jung.
* Ich bin hässlich.
* Und so weiter

Verurteilst du dich in deinem Denken selbst, wirst du auch andere unbewusst verurteilen und verletzen. Denn so, wie wir mit uns selbst umgehen, so gehen wir auch mit anderen um. Vielleicht fällt es dir schwer, dies einzusehen, doch indem du dich dagegen wehrst, wertest du dich selbst und andere nur weiter ab.

Die Folge sind verletzte Gefühle, Schmerz und Leid. Vielleicht martert dich auch ein schlechtes Gewissen oder du fühlst dich unfähig, eine wichtige Entscheidung zu treffen. Möglicherweise fühlst du dich auch von anderen unter Druck gesetzt, gedemütigt und ein Opfer grausamer Machenschaften.

Was immer du erleben magst, es ist wichtig zu erkennen, dass all deine schmerzhaften Erfahrungen ihren Ursprung in deinen Gedanken und Überzeugungen haben. Das ist manchmal schwer einzusehen. Sobald du Rachegedanken oder Selbstvorwürfe loslässt, verschwinden Zweifel und Gedankenchaos. Dann fühlst du dich erleichtert und hast etwas Wichtiges aus deinen „Fehlern“ gelernt.

Auch wenn dich Minderwertigkeitskomplexe plagen – wirst du, wenn du genau hinschaust – deine Selbstverurteilung sehen. Gleichzeitig wirst du einsehen, dass du auch andere dafür verurteilst, dass sie vermeintlich „über dir stehen". Diese grausamen Urteile wollen nun erkannt werden. Wenn du bereit bist, sie aufzuschreiben, wirst du beim Schreiben sofort die Absurdität dieser Urteile erkennen. Versuche es. Schreibe deine Urteile über dich auf, spüre sie und tue nichts damit.

Vor allen Dingen aber solltest du deine Urteile nicht mit positiven Affirmationen zudecken. Das funktioniert nicht und ist sogar gefährlich. Denn das ist immer auch gleichzeitig Selbstbetrug. Wenn du dich zum Beispiel hässlich fühlst und dir stattdessen sagst „Ich bin strahlend schön", entsteht ein innerer Konflikt, weil es nicht der Wahrheit entspricht, die du fühlst.

Viele Glaubenssätze, die du aus frühester Vergangenheit gelernt hast, haben mit diesen grausamen Urteilen zu tun. Daraus entwickelt sich dein Selbstbild, welches dich in der Regel reduziert und kleiner macht, als du in Wirklichkeit bist.

Wird diese Karte gezogen, dann bedeutet das, die Verwundung, die ich mir selbst ständig zufüge, will gefühlt und geheilt werden. Öffne dich auf allen Ebenen für diese Verwundung und lasse sie heilen.

Originalbezeichnung im Englischen: *Cruelty*

Zehn Schwerter - Untergang

Stichworte

Untergang aller Ideen, Vorstellungen und Konzepte
Desillusionierung Verwirrung Ohnmacht
Angst vor Kontrollverlust und Wahnsinn
Identitätskrise

Die wichtigsten Symbole

Neun Schwerter richten ihre grausame Gewalt gegen das zehnte und zerstören es. Dieses **zehnte Schwert** trägt die Symbole der **Sonne** (Lebensfreude) und des **Herzens** (Liebe). Die zerstörende Macht lebensverneinender Gedanken und Illusionen vernichtet die nach Harmonie und Klarheit strebenden Seelenkräfte. Der Hintergrund ist chaotisch und hat die Farbe einer verzehrenden **Feuersbrunst**.

Vertiefung

Wenn Ideen, Vorstellungen, Konzepte, Ideale, Projektionen und Glaubenssätze, die du vielleicht von anderen übernommen hast, bei genauer Prüfung wie Kartenhäuser zusammenfallen, dann löst dies meist eine kleinere oder größere Identitätskrise aus. Du bist verwirrt, fühlst dich unsicher und hilflos. Doch es lohnt sich, jetzt nicht mehr davonzulaufen, sondern stillzuhalten, um ganz genau hinzusehen und zu fühlen.

Viele Menschen verwechseln die Realität mit ihren Meinungen und Ansichten darüber. Sie glauben, das Leben in die kleinen Schubladen ihrer Konzepte ordnen und verpacken zu können. Sie leben in der Illusion, ihre Gedanken könnten die Wirklichkeit erfassen und erklären.

Doch das Leben kümmert sich nicht um eine derart naive (wenn auch weit verbreitete) Einstellung. Früher oder später passiert etwas, das weit über das Fassungsvermögen des Verstandes hinausgeht und die Egokontrolle einfach außer Kraft setzt. Eine solche Erschütterung kann heilsam sein, denn sie rüttelt auf und zerstört die zu klein gewordene Identität. Dabei geht nur unter, was dir ohnehin nicht mehr dient. Dahinter wartet dann das *Ass der Schwerter* mit einer neuen, makellosen Klarheit. Damit ist die Karte *Zehn Schwerter* die Karte der Gehirnwäsche im positiven Sinne.

Originalbezeichnung im Englischen: *Ruin*

Übung zum Element Luft

Für diese Übung benutzen wir alle bisher eingeführten Karten. Lege dir dein Notizbuch bereit.
Diese Übung hat zwei Ebenen:

1. Ebene:

- Mische die Karten und lege sie verdeckt aus.
- **Zwei Fragen stehen beim Luftelement im Vordergrund:**
  „Wo wünsche ich mir mehr Freiheit?"
  „Was möchte ich klären bzw. kommunizieren?"
- Notiere dir alles, was dir zu den Fragen in den Sinn kommt. Schreibe auch die Gefühle und Empfindungen auf, die du dabei wahrnimmst.
- Stelle dir dann die Frage: **„Was tragen die Gedanken des Kopfes, die Weisheit des Herzens und die Spontanität des Bauches zu einer optimalen Lösung bei?"**
- Dann ziehe drei Karten aus dem Fächer:
  Karte 1 steht für das, was der Kopf beiträgt,
  Karte 2 für das, was das Herz einbringt,
  Karte 3 für das, was die Kraft des Bauches bewirken kann.
- Ziehst du drei kraftvolle und klare Karten, die Potenziale andeuten, dann ist klar, was von den drei Ebenen für die betreffenden Lebensbereiche beigetragen wird.
- Erscheinen „**Transformationskarten**", also Karten, bei denen das Element gestört ist, deutet dies auf deine innere Bereitschaft, diese Disbalance zu transformieren.

Beispiele:
Eine Transformationskarte für den Kopf besagt, dass deine Klarheit durch Ängste oder andere Störungen verlorengegangen ist. Ziehst du beispielsweise die Karte *Sieben Schwerter – Vergeblichkeit*, so weist sie dich auf deine Zweifel an dir selbst oder einer Sache hin.

Eine Transformationskarte für das Herz deutet in der Regel auf emotionale Verletzungen, die in dir auf Heilung warten. Ziehst du hier beispielsweise die Karte *Fünf Kelche – Enttäuschung*, so will sie dich auf etwas hinweisen, dem du dich möglicherweise nicht stellen willst. Du täuscht dich selbst, weil du (noch) nicht bereit bist, den emotionalen Schmerz in dir zu fühlen.

Eine Transformationskarte für den Bauch kann zeigen, dass dein Vertrauen in die Urkraft des Lebens geschwächt und verletzt ist. Ziehst du beispielsweise die Karte *Sieben Scheiben – Fehlschlag*, dann deutet das auf eine tiefsitzende Angst in dir, dem Leben zu vertrauen und stattdessen Misserfolg und Scheitern zu erwarten.

Störungen in allen Bereichen deuten auf frühere Verletzungen und alte Wunden hin. Das will dann erkannt und gefühlt werden. Danach kannst du zusätzliche Karten ziehen, die dir zeigen, ob dieser Bereich für Transformation geöffnet werden konnte.

2. Ebene: Treffen von Entscheidungen

- Mische die Karten und lege sie verdeckt vor dir aus. Verbinde dich mit deinem Atem und Körper und richte dich auf deine Innere Weisheit und Führung aus. Nicht die Karten geben eine Antwort. Sie kommt von deiner inneren Ausrichtung.
- Stelle dir die Frage: **„Stehen jetzt in meinem Leben eine oder mehrere Entscheidungen an?“**

  Wenn das der Fall ist, dann kannst du tiefer in diesen Prozess hineingehen.

- Wenn du vor einer Entscheidung stehst, dann gibt es in der Regel mindestens zwei, meistens sogar mehrere Optionen. Entscheidungen sind eigentlich ein Fülle-Problem. Deshalb frage dich: **„Welche unterschiedliche Optionen gibt es?“**

Schreibe diese Optionen auf und prüfe, ob sich bereits Klarheit über das Für und Wider in dir einstellt. Tarotkarten sind nur dann sinnvoll, wenn dein abwägender Verstand keine Prioritäten erkennen kann. In diesem Fall:

- Ziehe für die einzelnen Optionen jeweils eine Karte und lasse sie zunächst verdeckt liegen.
- Dann decke die Karte für die erste Option auf. Schreibe auf, was dir spontan einfällt, wenn du die Karte betrachtest. Welche Gefühle löst diese Botschaft in dir aus?
- Decke nach und nach die Karten für alle anderen Optionen auf und verfahre genauso wie oben.
- Wenn alle Karten aufgedeckt sind, stelle dich im Wechsel jeweils mit den Füßen links und rechts der Karten und lasse dich auf die Erfahrungsräume ein. Spätestens dann spürst du in dir, wohin es dich ruft.

Legung zur Frage: Wo stehe ich jetzt gerade?

Für diese Übung benutzen wir alle bisher eingeführten Karten.

- Verbinde dich mit deiner Inneren Weisheit und Führung und ziehe drei Karten mit folgender Ausrichtung:
  1. Karte: Was hat mich in meinem Inneren in der zurückliegenden Zeit beschäftigt?
  2. Karte: Wo stehe ich jetzt mit diesem Thema?
  3. Karte: Worum geht es für mich in den kommenden Tagen?
- Lasse die Botschaften auf dich wirken. Wenn du magst, schreibe das für dich Wichtige auf.
- Wenn du diese Hinweise deiner göttlichen Führung vertiefen möchtest, kannst du die Karten auf den Boden legen, dich mit deinen Füßen links und rechts neben die Karte stellen und die Erfahrungsräume in deinem Körper erleben.
- Solltest du für eine der Fragen eine **Transformations-Karte** ziehen, dann erinnere dich daran, dass in diesem Bereich jetzt eine Verwandlung möglich ist. Du bist jetzt dafür bereit, mit diesem Thema in eine tiefere Begegnung und eine Transformation zu gehen.

Die Hofkarten

Einführung in die Hofkarten

Die Hofkarten im Tarot heißen deshalb so, weil die Karten aus einer Zeit stammen, als es in Europa noch Königshäuser und Höfe gab. Das Treiben an den Höfen unter den dort lebenden Menschen war oftmals recht bunt und turbulent. Intrigen, Liebschaften, Eifersucht und Rivalität, Feind- und Freundschaften, geheime Mätressen, heiße Minnelieder und strenge Besitzansprüche waren dort an der Tagesordnung. Deshalb werden diese Karten auch ganz speziell mit Beziehungsthemen in Verbindung gebracht.

Die Erinnerung an diese Zeiten sind sehr wahrscheinlich auch in unseren Körperzellen gespeichert. Das Leben an den Höfen hatte Vorbildcharakter für das einfache Volk. So wie heute Zeitschriften, in denen das Leben Prominenter ausgebreitet wird, von vielen Leser*innen gierig verschlungen werden. Die Höflinge waren damals die Promis.

Betrachten wir die Hofkarten des Crowley-Tarots, finden wir an jedem Elementehof ein älteres und reifes sowie ein junges Paar. Königin und der Ritter an ihrer Seite repräsentieren das ältere Paar, Prinzessin und der Prinz das jüngere.

Das ist im Crowley-Tarot erstmalig so gewählt. In den früheren Tarots gab es nur einen König und eine Königin, außerdem nur noch weitere männliche Repräsentanten des Hofes. Wir finden in den klassischen Tarots keine weiteren weiblichen Vertreter. Bei dem Tarot von A.E. Waite & P. Colman Smith beispielsweise finden wir den König und die Königin sowie einen Ritter und Pagen.

Vermutlich waren Frieda Harris und Aleister Crowley ihrer Zeit voraus und haben sich für die Ausgewogenheit von weiblich und männlich eingesetzt. Sie gingen sogar darüber hinaus, indem sie der Königin als Gatten keinen König, sondern einen Ritter zur Seite stellten. Sie spürten, dass das Männliche unter anderem die Funktion hat, der weiblichen Herrschaft, der Urkraft des Lebens zu dienen.

Die Absicht, ein Tarotdeck zu kreieren, bestand vor allem darin, durch Bildsymbole neues Bewusstsein zu schaffen. Sehr wahrscheinlich spürten die beiden, dass ihre männlich dominierte Zeit einen sichtbaren Ausgleich brauchte. Heute – nach etwa hundert Jahren – sehen wir, wie dieser Wandel sich auf allen Ebenen des gesellschaftlichen Lebens vollzieht.

Die Hofkarten in der Übersicht

Bevor wir im Folgenden jede einzelne Hofkarte besprechen, lohnt sich ein Blick auf die Übersicht der 16 Bilder. Bei genauem Betrachten sehen wir, dass jede Königin, jeder Ritter, jede Prinzessin und jeder Prinz etwas gemeinsam haben.

Das ist vielleicht nicht gleich auf den ersten Blick zu erkennen. Daher folgende Hinweise:

Jede Königin sitzt auf einem Thron.
Jeder Ritter reitet ein Pferd.
Jede Prinzessin hat eine Art Altar.
Jeder Prinz wird nackt dargestellt und sitzt auf einer Kutsche.

Der Thron einer Königin repräsentiert ihre Rolle als Herrscherin. Traditionell verleiht ein Thron dem Repräsentanten Macht.

Das Pferd des Ritters symbolisiert Dynamik, Willens- und Tatkraft sowie kraftvolles Handeln und das Umsetzen der Anordnungen der Königin.

Der Altar der Prinzessin ist Ausdruck einer Verehrung. Das betrifft auch das jeweilige Element, das eine Prinzessin verkörpert. Die Zartheit und Unschuld einer jungen Frau haben die Ausstrahlung des Heiligen.

Die Kutsche mit ihrem jeweiligen Zugtier zeigt die Leichtigkeit und Freiheit, mit der ein junger Mensch sich für die Erfahrungen des Lebens öffnet. Nacktheit im Tarot deutet auf Offenheit, Berührbarkeit sowie den Verzicht auf Schutz.

Dies weist bereits auf die Qualität der jeweiligen Elemente hin, die von den Königinnen, den Rittern, den Prinzessinnen und den Prinzen repräsentiert werden.

Alle Königinnen stehen für das Element **Wasser**, die **Ritter** für das Element **Feuer**, die **Prinzessinnen** für die **Erde** und die **Prinzen** für die **Luft**.

Diese Anordnungen deuten auch darauf hin, dass die Herrschaft der Königinnen als Vertreter des weiblichen Wasserelements sanft, weise und verbindend ist. Das Pferd der Ritter ist leicht mit dem vorwärtsstürmenden und dynamisch handelnden Feuerelement zu assoziieren. Bei den Prinzessinnen geht es vor allem um die Verehrung der vielfältigen Formenwelt der Erde. Die Kutsche der Prinzen symbolisiert die Leichtigkeit und Freiheit der Luft. Das zeigt sich auch in der unbeschwerten Art des Denkens junger Menschen, die noch frei von starren Konzepten und Vorstellungen die Welt erobern.

Elementeverteilung der Hofkarten - Übersicht

Die folgende Übersicht macht deutlich, auf welche Weise sich bei den Hofkarten die jeweiligen Qualitäten der Elemente in doppelter Hinsicht verbinden.

Wasser ▽
Feuer △
Erde 🜃
Luft 🜁
Wasser ▽
Feuer △
Erde 🜃
Luft 🜁

Königin der Scheiben

Stichworte

Wasser in Erde

Oase nach langem Wüstenweg **sich entspannen und ausruhen** **Regeneration und Erholung** **die Früchte der Mühen ernten und genießen** **innere Unabhängigkeit und Klarheit**

erlaube dir, anzukommen bei dir selbst, und überlasse dem Leben die großen Entscheidungen deines Weges

sich des inneren Reichtums bewusst zu sein

Die wichtigsten Symbole

Die *Königin der Scheiben* ist die Herrscherin des Elementes Erde, was durch die Farben **Grün**, **Braun** und **Grau** zum Ausdruck kommt. Nach langem, anstrengendem Weg durch die **Wüste** (Hintergrund) sitzt sie auf einer riesigen **Ananasfrucht** (Fruchtbarkeit). Sie genießt die erquickende Oase und hat Zeit, auf den mühsamen Weg zurückzuschauen.

Ihr braunes **Kleid aus Reptilienhaut** zeigt die Regeneration und der **Erdball** in ihrem linken Arm ihre Liebe zu Erde und Körper. Der **Kristallstab** weist auf Klarheit und die **geschwungenen Hörner** deuten auf erweiterte Wahrnehmung hin. Der **Ziegenbock** symbolisiert die Fruchtbarkeit der Zeugungskraft, kann aber auch in den Eigenschaften des Steinbocks gesehen werden: ausdauernd und unabhängig.

Vertiefung

Die *Königin der Scheiben* ist eine Einladung, dich auszuruhen, zu erholen, dir eine Pause zu gönnen und ganz einfach den Körper und das Leben zu genießen. Befreie dich für eine Weile von allen Sorgen und Anstrengungen und lasse den Dingen ihren Lauf. Gönne dir etwas Gutes und erlaube dir, dich so richtig wohlzufühlen. Dein Körper wird es dir danken, denn um gesund und fit zu bleiben, braucht er auch Phasen des Nichtstuns und der Entspannung.

Dabei kannst du erfahren, dass die Erde sich ganz von selbst weiterdreht und das Leben vollkommen mühelos seinen Lauf nimmt. Je mehr du vertraust, je weniger du dir Sorgen machst und die Dinge zu kontrollieren versuchst, desto harmonischer und stimmiger kann sich alles aus sich heraus entwickeln.

Wenn du dir jetzt erlaubst, einfach nur zu sein mit dem, was ist, werden sich in dir ganz neu Zufriedenheit, Ruhe und Zuversicht einstellen. Schaue zurück auf den langen Weg, den du bereits gegangen bist, und erkenne, wie wundervoll dich das Leben geführt hat.

Sicherlich bist du, wie alle anderen Menschen auch, manchmal durch Wüsten, dunkle Täler und schmerzvolle Stationen geführt worden. Doch alles hat dazu beigetragen, dass du jetzt hier bist, in diesem besonderen Moment, an diesem Ort, an dem du gerade verweilst. Lasse ihn jetzt eine Oase des

Friedens sein und sei offen für die Geschenke, die das Leben heute für dich bereithält.

Wenn du diese Karte ziehst, zeigt das, du bist angekommen bei dir selbst, bei deiner inneren Quelle und auch – als Reflexion davon – in einer Lebenssituation, wo alles da ist. Die Mühe und Arbeit hat sich gelohnt und gehört der Vergangenheit an. Jetzt darfst du entspannen und regenerieren.

Originalbezeichnung im Englischen: *Queen of Disks*

Ritter der Scheiben

Stichworte

Feuer in Erde

Zeit der Ernte **die Anstrengungen lohnen sich** **helfende und heilende Tätigkeiten** **volles Engagement** **alles geben**

Die wichtigsten Symbole

Die Karte zeigt die **Zeit der Ernte**. Es ist Spätsommer und glühend heiß. Die **Ähren** (im Vordergrund) sind reif. Der Ritter hält in seiner rechten Hand einen **Dreschflegel**, mit dem man in früheren Zeiten das gemähte Getreide drosch (schlug), um die Spreu von den Körnern zu trennen. Der Ausdruck „die Spreu vom Weizen trennen" ist auch heute noch im Sprachgebrauch und bedeutet, etwas einer gründlichen Prüfung zu unterziehen, um es dann entweder zu verwerfen oder als brauchbar anzuerkennen.

Der kleine Ritter wirkt in seiner schweren Rüstung etwas beengt und das Pferd scheint erschöpft zu sein. Die Ernte ist auch mit großen Anstrengungen verbunden. Doch alle Mühen lohnen sich! Der **Schutzschild sendet Kreise strahlenden Lichts** aus, das die ganze Landschaft verwandelt. Der Ritter hat den **Helm mit dem Hirschkopf** (Weisheit und erweiterte Wahrnehmung) zurückgeklappt und sein Blick ist auf das Licht gerichtet. Das **rotbraune Tuch** verbindet seinen **Kopf** mit der **Erde**. Die Geisteskräfte werden in den Dienst der Erde gestellt und können dort helfend und heilend wirken.

Vertiefung

Es gibt Aufgaben, deren Lösung du aus dem Ärmel schüttelst, und andere, die dich total fordern. Der *Ritter der Scheiben* deutet an, dass jetzt oder in der nächsten Zeit etwas den Einsatz aller deiner Kräfte verlangt. Solltest du es nur ängstlich, halbherzig oder widerwillig angehen, steht dir wahrscheinlich eine schwere, unangenehme Zeit bevor. Diese Tarotkarte ist eine Einladung, dich mit ganzem Herzen einzubringen.

Wenn du dich den anstehenden Aufgaben liebevoll hingibst, wirst du staunen, was alles in dir steckt. Fähigkeiten, die du bislang kaum in dir bemerkt hast, werden auf einmal aktiviert. Sobald du alles gibst, was in deinen Möglichkeiten liegt, findet in dir und deiner Umgebung eine Verwandlung statt. Etwas, das dir bislang als lästige Pflicht erschien, wird zu einer erfüllenden Tätigkeit, wenn das Licht der Liebe dich durchstrahlt.

Das, was du dem Leben schenkst, kommt um ein Vielfaches vermehrt zu dir zurück. Du brauchst dich gar nicht mehr um persönliche Vorteile zu kümmern. Die erlebte Befriedigung und Freude während deiner Aktivitäten sind im Grunde bereits Belohnung genug. Doch in der Regel fügt das Leben noch etwas hinzu: Die Ergebnisse einer mit Liebe und Freude erfüllten Arbeit sind viel besser als alles, was mit Unlust und Widerstand getan wurde.

Es lohnt sich immer, deine Trägheit zu überwinden! Stelle alles, was du tust, in den Dienst von Liebe und Freude, lasse dich beflügeln und über bisherige Grenzen tragen.

Manchmal wird der *Ritter der Erde* auch verglichen mit einem Arzt oder Heiler, der sich hingebungsvoll seinen Patienten widmet und sein Bestes gibt.

Originalbezeichnung im Englischen: *Knight of Disks*

Prinzessin der Scheiben

Stichworte

Erde in Erde

Harmonie Licht zur Erde bringen etwas Neues in die Welt tragen Schwangerschaft Kanal sein für das Göttliche

Die wichtigsten Symbole

Der **gewölbte Bauch** der Prinzessin des Elements Erde deutet auf eine Schwangerschaft hin. In ganz seltenen Fällen kann diese Karte auch auf eine physische Schwangerschaft hinweisen. Im übertragenen Sinne ist sie die werdende Mutter einer neuen Identität, Seinsqualität oder Idee. Sie steht vor ihrem **Altar** an einem heiligen Ort der Kraft, der bis in die Erde hinein durchstrahlt wird von warmem, kosmischem **Licht**. In ihrer Linken hält sie eine Scheibe mit dem chinesischen **Yin-Yang-Zeichen**, Symbol vollkommener Ausgeglichenheit und Harmonie. Der Stab in ihrer Rechten geht über den oberen Bildrand hinaus und trägt an seiner Spitze einen

Kristall, von dem **Licht** kraftvoll zur Erde strahlt. Sie wirkt als Kanal für das Göttliche, indem sie etwas Neues zur Welt bringt. Auch die **Widderhörner** auf ihrem Kopf zeigen den Vorstoß in das Neue.

Vertiefung

Etwas in dir wächst und reift heran und wird, wenn seine Zeit gekommen ist, durch dich einen Ausdruck finden. Dies geschieht ganz von allein. Du brauchst dich nicht darum zu bemühen oder gar dafür zu kämpfen. Allein die Bereitschaft, die aus innerer Harmonie und Offenheit erwächst, reicht aus. Du bist weit mehr als deine begrenzten Selbstbilder! Die kosmische Kraft, die jetzt durch dich zu wirken beginnt, sorgt dafür, dass sich alles gemäß eines göttlichen Plans in deinem Leben entfaltet. Durch deine Offenheit und Hingabe wird sich alles vollkommen und harmonisch entwickeln.

Zu deiner Bestimmung gehört, Träger des Lichtes auf der Erde zu sein. Was dies für dich konkret bedeutet, wird dir vom Leben Stufe für Stufe gezeigt. Es ist eine Entdeckungsreise, verbunden mit zahlreichen Lektionen, durch die du immer wieder aufs Neue entdeckst, was durch dich gelebt, ausgedrückt und in die Welt getragen werden soll. Das kann immer wieder andere Formen annehmen und es ist wichtig, nicht an Altem festzuhalten, sondern offen und flexibel zu bleiben. Was jedoch sicher ist, wenn du dir des Lichts der *Prinzessin der Erde* gewahr bist, verwandelt sich der Ort, an dem du dich aufhältst, in etwas Heiliges. Wie auf der Karte das Licht die Erde durchlichtet und zur Prinzessin zurückstahlt, leuchtet es auch aus der Welt auf dich zurück und bereitet den Weg für das Neue. Dann fragst du nicht nur: „Was will ich vom Leben?“, sondern immer öfter: „Was will das Leben von mir?“ Damit schenkst du der Welt etwas Wertvolles. Gleichzeitig schaffst du damit die Voraussetzung für deine eigene, vollkommene Erfüllung im Menschsein.

Originalbezeichnung im Englischen: *Princess of Disks*

Prinz der Scheiben

Stichworte

Luft in Erde

Freude am Körper **die Erde genießen, z. B. gut essen und trinken** **Zärtlichkeit und körperliche Liebe** **schöne Dinge kaufen** **sich verwöhnen** **tanzen oder sich lustvoll bewegen**

Die wichtigsten Symbole

Der stabile Wagen des Prinzen wird von einem **Stier** gezogen (Sternzeichen Stier: Sinnlichkeit, Beharrlichkeit). Das Symbol des Stiers wiederholt sich auf seinem Helm. Wie alle Prinzen in diesem Tarot ist auch er **nackt**, das heißt, frei und offen.

Die **Kugel mit geometrischen Symbolen** in seiner Linken repräsentiert die Erde, das **Zepter** in seiner Rechten mit dem **Kreuz auf der Kugel** erinnert daran, dass alles auf der Erde ein Ausdruck der geistigen Schöpferkraft ist, die wir auch Gott nennen können. Die vielen **Blüten und Samen** im Hintergrund zeigen den Vorgang von Blüte und Befruchtung, der dann die **Früchte** (im Rücken des Prinzen) hervorbringt. Die **Räder der Kutsche** sind nach innen gebogen, wirken also nicht parallel. Der Prinz muss deshalb Acht geben, nicht zu sehr in sich selbst verliebt zu sein. Sonst könnte er glauben, die Welt dreht sich nur um ihn.

Vertiefung

Jetzt ist es Zeit, deinen Körper und alles, was dir das Leben auf der Erde zu bieten hat, freudig zu feiern und dankbar zu genießen. Ist das für dich natürlich oder fällt es dir eher schwer?

Wenn Ersteres der Fall ist, erfreue dich an allem ganz bewusst und frei von schlechtem Gewissen. Auch darin erfüllt sich der Sinn deines Lebens. Halte jedoch an keiner Erfahrung fest und bleibe innerlich frei. Nur so kannst du ohne Reue genießen und offen bleiben für alles, was kommt und geht.

Sollte dein Verhältnis zu deinem Körper, deiner Erotik und Sexualität oder zur materiellen Welt eher schwierig sein, kannst du jetzt vielleicht kleine Schritte der Öffnung machen. Wahrscheinlich hast du darüber negative Urteile gehört und diese dann selbst übernommen. Vielleicht misstraust du auch deinen Wünschen, Trieben und dem Körper. Damit haben viele Menschen zu tun. Sie sind unfrei, gehemmt und gefangen in ihren eigenen Urteilen und landläufigen Moralvorstellungen. Damit lehnen sie aber einen wichtigen Teil der Schöpfung ab und versuchen, sich selbst und das Leben zu unterdrücken und zu bekämpfen. Da das aber auf Dauer unmöglich ist, sind sie selbst immer die Verlierer und leiden daran.

Das Leben ist göttlich und macht keine Fehler, wenn wir es in seiner Natürlichkeit liebevoll und dankbar annehmen und genießen.

Originalbezeichnung im Englischen: *Prince of Disks*

Königin der Kelche

Stichworte

Wasser in Wasser

Bedingungsfreie Liebe Liebe und Zärtlichkeit geben und empfangen mütterliche Fürsorge und Herzenswärme Ehrlichkeit und Echtheit im Ausdruck der Gefühle Kanal sein für kosmische Liebe

Die wichtigsten Symbole

Die Königin ist in **Lichtbögen und -strahlen** gehüllt, eine Aura kosmischer, bedingungsfreier Liebe. Der ruhige See, auf dem sie thront, zeigt die Tiefe, Stille und Reinheit ihres von Liebe erfüllten Wesens. Im unteren Teil spiegelt der See die Königin getreu wider. Das deutet auf ihre Qualität, sich in Liebe, Wahrheit und echter Emotionalität zu zeigen. Die **weißen Lotusblüten** in ihrer Hand und auf dem Wasser bedeuten eine selbstlose, gebende, sich schenkende Liebe. Der im Frühling zurückkehrende **Storch** ist Bote für die Geburt von etwas Neuem. Der **Krebs in dem muschelförmigen Kelch** bedeutet Harmonie im häuslichen Bereich der Familie.

Vertiefung

Das in dir vorhandene Liebespotenzial will jetzt erblühen und allen Wesen freizügig geschenkt werden. Du hast sehr viel zu geben und es gehört zu deiner Bestimmung, bedingungsfrei lieben zu lernen. Je weiter du dich öffnest, je großzügiger du dich schenkst, desto mehr wirst du dich selbst in Liebe gebadet fühlen.

Grenzenlose Liebe ist ein Aspekt deines wahren Wesens, eine Qualität deiner ursprünglichen, göttlichen Natur. Deshalb ist es unmöglich und auch ganz unnötig, dich im Ausdruck deiner Liebe anzustrengen, zu verausgaben oder gar selbst zu verleugnen. Solltest du so etwas bei dir bemerken, höre sofort auf damit! Liebe und Hingabe haben nichts mit Selbstaufopferung zu tun. Ganz im Gegenteil: Nur in der Verbindung mit deinem wahren Selbst kann die Liebe fließen, die nicht nur andere, sondern vor allem auch dich selbst nährt. Sie drückt sich durch dich aus, ist aber nicht „deine Liebe", sondern universell.

Der Kopf und das Herz der Königin sind von einem riesigen kosmischen Kelch umgeben, der sie mit der Liebe des Ganzen vereint. Nur dadurch ist es ihr möglich, grenzenlos und bedingungsfrei Liebe zu schenken, ohne sich zu erschöpfen. Indem du diese große Liebe durch dich zu den Menschen deiner Familie und Umgebung fließen lässt, begegnest du dir selbst, dem, was du in Wahrheit bist. Denn in deinem innersten Wesen bist du reine Liebe. So lernst du zu lieben, ohne dich selbst dabei zu verlieren und entdeckst dich ganz neu.

Originalbezeichnung im Englischen: *Queen of Cups*

Ritter der Kelche

Stichworte

Feuer in Wasser

Liebe verleiht Flügel **der Liebe dienen** Stolz und Eitelkeit zurücklassen **Öffnung für und Hingabe an geliebte Menschen** spirituelle Beziehungen **die Wahlfamilie finden**

Die wichtigsten Symbole

Der *Ritter der Kelche* trägt **große Flügel**, mit denen er sich auf seinem **weißen Pferd** emporschwingt. Dieses Bild zeigt die Freiheit, die der Kraft reiner Liebe entspringt. In seiner ausgestreckten Hand hält er den **Kelch der Liebe mit dem Krebs**, dem Zeichen für familiäre Beziehungen. Dies kann sowohl die eigene Familie betreffen als auch auf die Wahlverwandtschaft hinweisen: Menschen, mit denen man ein gemeinsames Ziel verfolgt und tief verbunden ist. Die **hellblaue Farbe der Flügel** zeigt, wie emotionale Verbindungen auf einer geistigen Ebene des gegenseitigen

Verstehens und des Austausches erweitert werden können. Auch der Pfau, Symbol der Eitelkeit, wird in dieser Farbe dargestellt, was darauf hinweist, dass er diese begrenzende Eigenschaft überwunden hat. Er entfaltet seine Schönheit und stellt sie – frei von Selbstherrlichkeit – in den Dienst der Liebe.

Vertiefung

Die Menschen, die dir nahestehen, sind nicht zufällig in deinem Leben. Durch manche werden dir große und langfristige Lektionen erteilt, andere wiederum treten kurz und intensiv in den Vordergrund und entschwinden bald wieder, oftmals auch für immer. Manche lösen heftige Gefühle in dir aus, hinterlassen tiefe Spuren und bleibende Erinnerungen, und andere sind wie ein Strohfeuer, das kurz und heftig auflodert, aber kaum etwas hinterlässt. Es gibt Menschen, mit denen du durch Blutsverwandtschaft, materielle Gegebenheiten und/oder tiefen geistigen Austausch verbunden bist. Die Summe all dieser Verbindungen beeinflusst die Qualität deines Lebens tiefgreifend. Je mehr deine Beziehungen von Liebe und Freiheit, anstatt von Abhängigkeit und Notwendigkeit geprägt sind, desto reicher und erfüllter wird dein Leben sein.

Liebe kann sich auf vielen unterschiedlichen Ebenen ausdrücken. Wahre Liebe weitet und befreit dich – auch und gerade dann, wenn du mit deiner Verletzlichkeit und deinen tiefsten Ängsten und Schwächen in Berührung kommst. Selbst wenn sie wehtut, ist sie immer auch heilend, denn sie ist die Kraft, die Verborgenes ans Licht der Bewusstheit bringt.

Lerne zu lieben und öffne dich den Menschen, die dich inspirieren und in deren Nähe du wachsen und deine Potenziale entfalten kannst. Lass dich zu deiner Wahlfamilie führen.

Originalbezeichnung im Englischen: *Knight of Cups*

Prinzessin der Kelche

Stichworte

Erde in Wasser

DIE Karte der Selbstliebe

Sanftheit Zärtlichkeit befreite Liebe frei fließende Emotionen Ausdruck echter Zuneigung überwundene Eifersucht eine neue Qualität von Selbstliebe verlorener Kontakt und verlorene Liebe zu sich selbst

Die wichtigsten Symbole

Die *Prinzessin der Kelche* tanzt anmutig in ihrem Element, dem **Wasser der Gefühle**. Ihre Bewegungen sind sanft, fließend und voller Harmonie. Ein Schwan erhebt sich über ihrem Kopf und zeigt ihre gewonnene innere Freiheit und Unabhängigkeit. Sie hat die Fesseln besitzergreifender Eifersucht gesprengt. Nun strahlt sie Liebe (**Lotusblüte** in ihrer linken Hand) und Klarheit (**Kristalle** auf ihrem Gewand) aus.

Der **Kelch mit der Schildkröte** in ihrer rechten Hand weist auf den Schutz hin, den sie sich selbst und anderen liebevoll gewährt. Auch der **Fisch**, der die alte Vergangenheit darstellt, hat Augen aus Kristall. Die Vergangenheit kann nun abgeschlossen und mit Augen voller Klarheit gesehen werden.

Vertiefung

Sei sanft mit dir selbst und anderen. Du bist umgeben und erfüllt von Zärtlichkeit und Liebe. Warum solltest du länger kämpfen und es dir oder anderen unnötig schwer machen? Sobald du entspannst und dich etwas tiefer einlässt, kommt alles, was du brauchst, zu dir, um dich zu beschenken und liebevoll zu nähren. Lasse die Vergangenheit ruhen und betrachte deine Erfahrungen frei von Bewertungen.

Entwickle die Qualität einer echten, befreiten Liebe. Erlaube dir, eine Weile im Gewässer deiner Gefühle zu treiben. Beginne, dich anmutig mit ihnen zu bewegen und verspielt zu tanzen, anstatt zu versuchen, sie unter Kontrolle zu halten oder gar mit ihnen zu kämpfen. Was hast du schon zu verlieren – außer deine Fesseln und Begrenzungen? Erkenne, dass dir nichts genommen werden kann, was wahrhaft zu dir gehört. Ebenso ist es unmöglich, etwas zu gewinnen oder festzuhalten, was dir vom Leben nicht bestimmt ist. Es würde dich ohnehin nicht glücklich machen!

Befreit zu lieben bedeutet auch, in deinen Lebensplan zu vertrauen und zu wissen, dass du nichts Wichtiges verpassen oder verlieren kannst. Ein offenes und vertrauensvolles Herz ist dein bester Schutz. Dankbar für das Kleinste und offen für das Größte, bist du in Zärtlichkeit und Liebe mit allem verbunden.

Originalbezeichnung im Englischen: *Princess of Cups*

Prinz der Kelche

Stichworte

Luft in Wasser

Starke Gefühle Leidenschaft Sexualität sich einlassen

Transformation lieben lernen

Die wichtigsten Symbole

Die Ausstrahlung des Prinzen zeugt von einer Emotionalität, Sinnlichkeit und Leidenschaft, wie man sie dem Sternzeichen Skorpion zuordnet. Deshalb wird seine muschelförmige Kutsche vom **Skorpion-Adler** gezogen. Der **Adler** steht für das transformierte, befreite Potenzial der intensiven Emotionen des Skorpions. Dieses Symbol wiederholt sich auch auf dem Helm. Der Prinz betrachtet konzentriert den **Kelch mit der Schlange**. Der Kelch ist das Gefäß der Gefühle. Die Schlange kann Sexualität und Verführung, aber auch transformierte Energie und Weisheit bedeuten. Hier geht es also um ein Einlassen auf die sexuellen Treibkräfte, um durch bewusste Erfahrung verwandelt und neu geboren zu werden. Die **Lotusblüte** in der anderen Hand steht für Liebe. Sie zeigt zwar nach unten und wird vom Prinzen noch nicht betrachtet, weist aber auf das Potenzial einer Liebesfähigkeit hin, die aus der bewussten Begegnung mit Sexualität und Lust entstehen kann. Wie der Schlangenkelch Becken und Brust des **nackten**, sich offen und frei zeigenden Prinzen bedeckt, so geht es auch um die Verbindung von Triebkraft und Herzensliebe in der sexuellen Anziehung.

Vertiefung

Sexualität ist die Kraft der männlichen und weiblichen Verbindung, aus der alles höher entwickelte Leben auf unserem Planeten hervorgeht. Wir können sie auf ganz unterschiedliche Weise erleben, manchmal direkt in leidenschaftlich aufflammendem Begehren und intensivem Verlangen, manchmal indirekt in starkem Interesse, in Begeisterung oder Kreativität. Es ist möglich, sie ganz allein zu fühlen und zu erleben. Sie wird aber auch durch andere Menschen ausgelöst, mit denen uns unsichtbare Kräfte zusammenführen. Es ist weder möglich noch sinnvoll, diese Grundkraft des Lebens zu verleugnen oder ihr auszuweichen. Der *Prinz der Kelche* ist eine deutliche Aufforderung, dich bewusst mit diesem Thema zu beschäftigen.

Zunächst einmal ist es wichtig, dir deiner eigenen Gefühle und Bedürfnisse bewusst zu werden, ohne sie zu bewerten: Was wünschst du dir? Welche Fantasien hast du? Wovor hast du Angst? Wie verhältst du dich in der Nähe von Menschen, von denen du dich angezogen fühlst?

Wenn du dir solche oder ähnliche Fragen ehrlich beantwortest, kannst du auch mit anderen vertrauten Menschen darüber sprechen oder dich sogar mit den Betroffenen austauschen. Sexualität kann stark und machtvoll erlebt werden; die mit ihr einhergehenden Wünsche und Bedürfnisse können dich aber auch sehr verletzlich machen. Deshalb ist es so wichtig, sie mit der

Liebe des Herzens zu verbinden. Das bedeutet, dich selbst und andere anzunehmen und wertzuschätzen für das, was du oder sie empfinden. Wenn sich das ergänzt, ist es ein Geschenk, das ihr miteinander feiern könnt. Wenn es sich ausschließt oder miteinander in Konflikt liegt, so ist es wichtig, sich offen, ehrlich und respektvoll darüber auszutauschen.

Stehe zu dir, zeige dich dem anderen und lade ihn ein, dasselbe zu tun. Zeigt euch gegenseitig eure Bedürfnisse, wunden Punkte, Ängste oder schmerzhaften Gefühle, aber verurteilt euch niemals dafür! So können Liebe und Verständnis wachsen und so mache Gegensätze überbrücken.

Löse dich ganz bewusst aus Abhängigkeiten und erlaube auch dem anderen, ganz frei zu sein! Erst der Atem der Freiheit kann sexuelle Anziehung und heftige Emotionen in Liebe verwandeln. Dich auf dieses Abenteuer einzulassen, lohnt sich, weil du darin unendlich viel lernen kannst.

Worin liegt nun der Unterschied der verschiedenen Ausdrucksformen der Liebe, die durch die vier Kelche-Hofkarten dargestellt werden?

Liebe kann und muss sich im Menschsein in gewisser Weise auf vielen Ebenen ausdrücken. Es gibt die Ebene der Sexualität. Dort ist die Leidenschaft, die intensive Anziehung da, und diese ist sicherlich mit dem *Prinz des Wassers* verbunden. Es gibt aber auch die Ebene des Herzens, den zum Beispiel die *Prinzessin* und die *Königin der Kelche* eher repräsentieren. Dort hat die Liebe eine andere Qualität, einen anderen Geschmack. Das Herz liebt auf eine andere Weise als die Sexualität. Schließlich gibt es noch die Liebe, die sich im Geist lebt. Die reine, pure, gebende Liebe. Der *Ritter der Kelche* repräsentiert diese geistige Liebe. Und im Idealfall kommen alle Ebenen im Menschen zusammen, das macht die Liebe ganz.

Originalbezeichnung im Englischen: *Prince of Cups*

Königin der Stäbe

Stichworte

Wasser in Feuer

DIE Karte des Mitgefühls

sanfte Kraft der Liebe **tiefe Transformation**

heilende und vergebende Liebe

Intensität und Zärtlichkeit

Die wichtigsten Symbole

Die *Königin des Feuerelements* verkörpert sowohl Kraft und Intensität als auch Sanftheit und zärtliche Liebe. Ihre **feurige Erscheinung** verbindet sich mit dem Wasserelement, dem **Kelch des Mitgefühls** auf ihrer Brust. Sie ist aber auch in Kontakt mit dem Erdelement durch den von unten hochragenden **Stab mit dem Pinienzapfen** sowie mit dem Luftelement, das durch den **Vogel auf ihrer Krone** vertreten ist. Da sie alles in sich vereint, stahlt sie Ruhe und Würde aus.

Ihre rechte Hand berührt den Kopf des **Leoparden**, der ebenfalls die Gegensätze von wilder Kraft und anschmiegsamer Geschmeidigkeit vereint. Die **schwarzen Punkte auf dem Fell des Leoparden** deuten auf seine Vergangenheit als Panther hin. Mittlerweile ist er zu einem prächtigen Löwen herangewachsen, wie es dem Feuerelement entspricht. Der schwarze Panther symbolisiert, dass die Königin in der Vergangenheit durch die Dunkelheit gegangen ist. Sie hat das Schwarze, die dunkle Seite des Lebens kennengelernt, sie ist damit durch das Feuer gegangen und das Feuer hat sie geläutert. Weil sie durch diese Dunkelheit gegangen ist, wurde sie stark. Deshalb hält sie diesen prächtigen Löwen in Form eines Leoparden, der auf seinem Fell die schwarzen Flecken des Panthers als Erinnerung an die dunkle Vergangenheit trägt.

Die **kräftigen Strahlen**, die sich zu den Seiten und nach oben ausbreiten, zeigen die Klarheit ihrer erweiterten Wahrnehmung.

Vertiefung

Die *Königin der Stäbe* ist DIE Karte des Mitgefühls. Die Karte des Mitgefühls für alle Menschen, die durch schwierige Zeiten in ihrem Leben gehen. Die Königin hat das kennengelernt und sie ist gereift in ihrer Güte, in ihrer Sanftheit und Kraft. Sie hat sich entwickelt, um diesen Menschen beizustehen und sie zu begleiten. Sie verausgabt sich nicht, sie opfert sich nicht, aber sie versteht, sie sieht und sie bleibt gut bei sich selbst. Damit entspricht sie dem Archetypen des Bodhisattva, der aus Mitgefühl inkarniert ist, um andere Menschen zu begleiten.

Darüber hinaus weist dich die *Königin der Stäbe* auf ganz besondere Qualitäten hin, die du in dir trägst. Vielleicht sind sie dir bereits bewusst, vielleicht aber warten sie darauf, von dir entdeckt oder entwickelt zu werden. Hattest du nicht schon einmal das Gefühl, mehr zu wissen und zu erkennen als deine Umgebung? Fühltest du dich nicht manchmal weiser und reifer als deine Eltern und Lehrer? Kommen Familienmitglieder oder Freunde zu dir, um sich von dir unterstützen oder beraten zu lassen? Oder fühlst du dich mit deinem inneren Wissen eher allein und unverstanden?

Da die Reife und Weisheit einer Seele nichts zu tun hat mit dem Alter des Körpers, hast du als Jugendlicher möglicherweise in manchen Situationen das Gefühl, mehr zu verstehen und klarer zu sehen als die Erwachsenen. Mit dieser Erfahrung stehst du nicht allein. Viele Jugendliche kennen sie und die *Königin der Stäbe* erinnert dich daran, dass Kraft und Weisheit mit Sanftheit und Mitgefühl verbunden werden muss.

Die Stärke und Intensität, mit der du fühlst und handelst, braucht auch Geduld, Verständnis und Zärtlichkeit. Erlaube dir, leidenschaftlich und aktiv zu sein, sei aber auch empfänglich und berührbar. Erst dann werden die Menschen dir vertrauen und sich dir tief öffnen. Mache dir die Motive deines Handelns bewusst und gib dich nur dem hin, was von Liebe durchdrungen ist. Dann überrollst du andere nicht, sondern kannst wie eine weise Königin herrschen, indem du dienst und deine Würde, wahre Größe und Schönheit den Menschen schenkst.

Vergiss aber nicht, dass du selbst von Zeit zu Zeit auch Wärme, Unterstützung und Mitgefühl brauchst. Wahrscheinlich gibt es nur wenige Menschen, die dir das wirklich geben können. Du wirst aus Erfahrung lernen, solche Menschen zu erkennen. Solange du allein bist, sei dir selbst ein guter und verständnisvoller Freund oder Freundin.

Originalbezeichnung im Englischen: *Queen of Wands*

Ritter der Stäbe

Stichworte

Feuer in Feuer

Freiwillige Intensität dynamische Kraft alle Hindernisse ausräumen (wegbrennen) Entschlossenheit Siegeswille Mut

Die wichtigsten Symbole

Der *Ritter des Feuers* ist ein einziger Ausdruck von Dynamik, Kraft und wilder Entschlossenheit. Er ist eins mit dem Feuer und das Feuer wirkt durch ihn. In seiner linken Hand hält er eine **lodernde Fackel** (vgl. *Ass der Stäbe*), mit der er alle Negativität und Widerstände beseitigt (wegbrennt). Auf seinem Helm trägt er das Symbol eines **geflügelten Pferdes**, Hinweis auf die kraftvolle Freiheit seiner Gedanken. Seine Rüstung hat die Struktur von **Reptilienhaut**, die Wechsel und Erneuerung ankündigt. So wie Reptilien ihre alte Haut abstreifen, wenn sie zu eng geworden ist, verzehrt die Feuerkraft alles Alte, was nicht mehr zu uns passt, um uns zu befreien. Die **Sonnenstrahlen** im Hintergrund zeigen an, dass die natürliche Ausstrahlung des wahren Wesens Raum gewinnt.

Das **schwarze Pferd** trägt das Horn des **Einhorns**. Dynamische Kraft ist mit erweiterter Wahrnehmung und Weisheit vereint. Es trägt den Ritter bereitwillig durch alle Aktionen und Abenteuer.

Vertiefung

Der *Ritter der Stäbe* ist eine Einladung, deine inneren Kräfte freizusetzen. Zögere nicht länger, das zu tun, was du tief in dir als richtig empfindest. Befreie dich von selbst auferlegten Verboten und sei dir kompromisslos treu. Genieße deine Wildheit, erlaube dir aufzufallen und riskiere einfach einmal etwas. Habe den Mut, auch Ungewöhnliches zu tun, denn nur durch Erfahrungen kannst du lernen und wachsen. Wer nichts riskiert, kann auch nichts gewinnen.

Bei dieser Tarotkarte geht es darum, deiner tiefsten Intensität Raum zu geben, um dich von Hemmungen, Ängsten und Feigheit zu befreien. Verleugne nicht länger aus falscher Rücksichtnahme deine Kraft und wahre Größe. Dann hörst du auf, dich selbst klein zu machen, dich zu verstecken, um nicht unangenehm aufzufallen. Sobald du etwas in dir gefunden hast, wofür du bereit bist, durchs Feuer zu gehen, lernst du dich selbst und das Leben auf eine ganz neue Weise kennen.

Durch Selbsterkenntnis entwickelst du Selbstvertrauen und Weisheit. Sobald alle Negativität aus dem Weg geräumt ist, durchstrahlt die innere Sonne frei und ungehindert deine ganze Welt. Das Feuer des Herzens beflügelt dich, und mit freiwilliger Intensität folgst du mutig und entschlossen dem Ruf der Freude und Liebe.

Eine kleine Warnung ist hier jedoch auch angebracht: Übertreibe es nicht, damit du keine verbrannte Erde zurücklässt!

Originalbezeichnung im Englischen: *Knight of Wands*

Prinzessin der Stäbe

Stichworte

Erde in Feuer

DIE Karte für die große Befreiung von Angst

Freiheit genießen **Optimismus**

Angst überwinden **Neuanfang**

Die wichtigsten Symbole

Die *Prinzessin des Feuers* tanzt wie eine Flamme den ekstatischen Tanz ihrer Befreiung. Sie hat den **Tiger der Angst** (vgl. *0 – Der Narr*) erlegt und erlaubt sich, ganz sie selbst zu sein (**Nacktheit**). Der Stab mit der Sonne zeigt die Kraft (**Stab**) ihres wahren Wesens (**Sonne**). Auf dem mit Widderköpfen verzierten **Altar** brennt das Feuer des Frühlings und Neubeginns.

Vertiefung

Wahre Freiheit ist immer auch Freiheit von Angst. Erforsche deine Ängste und du wirst ohne Ausnahme hinter jeder Angst etwas finden, was du nicht erleben willst, weil du glaubst, dies sei schmerzhaft oder bringe dir Nachteile. Mit anderen Worten: Angst und Widerstand gegen eine bestimmte Erfahrung gehen Hand in Hand. Bist du frei von Angst, bist du gleichzeitig auch offen für alle Erfahrungen. Diese Offenheit ist ein Ausdruck wahrer Freiheit.

Den Tiger der Angst zu erlegen, bedeutet, sich den eigenen Ängsten bewusst zu stellen und dem Schlimmsten ins Auge zu sehen. Wenn du dazu bereit bist, wirst du dich danach innerlich erleichtert und befreit fühlen. Hast du dann den Mut, etwas Neues zu wagen, sei einfach offen für alle Erfahrungen, die damit einhergehen. Wenn du dich bewusst mit der Kraft deines wahren Wesens verbindest, indem du das tust, was deiner inneren Wahrheit entspricht, kannst du nichts falsch machen, sondern nur dazulernen.

Originalbezeichnung im Englischen: *Princess of Wands*

Prinz der Stäbe

Stichworte

Luft in Feuer

DIE Karte des offenen Herzens

Offenheit für neue Erfahrungen Vertrauen in das Leben

Lebensfreude Mut Spontanität Natürlichkeit

Die wichtigsten Symbole

Mit **ausgebreiteten Armen und klarem, direktem Blick** sitzt der Prinz auf seinem **feurigen Wagen**. Zusammen mit dem **Zeichen des offenen Herzens** auf seiner Brust und seiner **Nacktheit** drückt seine ganze Erscheinung eine sehr offene Präsenz aus, bereit, dem Leben total zu begegnen. In seiner rechten Hand hält er den **Phönix-Stab**, das Symbol von Macht und Energie.

Die **losen Zügel** auf seiner linken Seite zeigen das Vertrauen in seine Intuition und Kraft, die durch den **Löwen** dargestellt wird. Der **geflügelte Löwe** über seinem Kopf weist auf seine innere Freiheit und seinen freien Geist hin. Im Hintergrund deuten noch einige **Flecken** die Dunkelheit an, die er jetzt zurücklässt.

Vertiefung

Die Karte *Prinz der Stäbe* lädt dich ein, dein Herz weit zu öffnen und deiner Liebe kreativen Ausdruck zu verleihen. Schöpfe neuen Mut und vertraue dich der Kraft des Lebens an, die sich jetzt leidenschaftlich, temperamentvoll und dynamisch durch dich ausdrücken will. Das Leben ist bereit, dich mit offenen Armen zu empfangen, weil du ihm keinen Widerstand mehr entgegensetzt. Erlaube dir jetzt, Optimismus, Liebe und Freude zu verbreiten. Fühle dich frei und beflügelt, halte nichts zurück und wachse über dich selbst hinaus!

Der *Prinz der Stäbe* verkörpert den faszinierenden Ausdruck jugendlich überschäumender Kraft und Lebensfreude. Er ist bereit, sich ins Abenteuer zu stürzen und alle Herausforderungen des Lebens anzunehmen. Dadurch wird er aus eigener Erfahrung lernen. Er wird den Unterschied erkennen, ober er seinen starken, feurigen Willen für einen Egotrip einsetzt oder ihn in den Dienst des Ganzen stellt, zum Wohle aller Beteiligten. Ersteres wird ihn begrenzen, Letzteres vollkommen befreien.

Originalbezeichnung im Englischen: *Prince of Wands*

Königin der Schwerter

Stichworte

Wasser in Luft

Aus der Umwölkung in die Klarheit **alle Masken ablegen** sich offen zeigen **absolute Ehrlichkeit** klares Sehen und Erkennen

Die wichtigsten Symbole

Die *Königin der Luft*, des Elementes des klaren Denkens und Kommunizierens, hält in einer Hand ein Schwert und in der anderen eine Maske.

Das **Schwert der Klarheit** bringt die Einsicht, dass Masken nicht nur Schutz und Tarnung bedeuten, sondern auch Trennung von sich selbst und anderen. Die **luftige, teilweise durchsichtige Kleidung** und ihr direkter Blick zeigen, dass sie nichts zu verbergen hat.

Die **Kristalle** und das **Gesicht eines Kindes** hinter ihrem Kopf deuten auf die zunehmende Klarheit sowie die Weisheit und Unschuld des Inneren Kindes. Wir werden echt und brauchen uns nicht mehr hinter Masken zu verstecken.

Vertiefung

Aufgrund von Missverständnissen und schmerzvollen Erfahrungen haben viele Menschen gelernt, sich zu schützen. Sie verstecken sich hinter einem maskenhaften, unechten Verhalten. Auch übertriebene Schminke, Parfüms und Kleidung können ihre unterschwellige Unsicherheit verraten. Doch sie verbergen ihr wahres Gesicht nicht nur vor anderen, sondern entfernen sich auch von sich selbst, von ihrer ursprünglichen Natürlichkeit.

Die *Königin der Schwerter* ist eine Ermutigung, dich nicht ängstlich zu schützen, sondern klar und offen mitzuteilen. Vertraue deiner direkten Wahrnehmung, deiner ursprünglichen inneren Weisheit und Natürlichkeit! Deine Offenheit und Ehrlichkeit lohnen sich, denn sie befreien nicht nur dich, sondern auch andere aus der Umwölkung durch Angst und Unwahrheit.

Vielleicht mag dein Verhalten in den Augen anderer provokant erscheinen und Abwehrreaktionen hervorrufen. Deshalb ist es wichtig, deine neue Klarheit auch mit einem vertieften Verständnis, mit Liebe und Einfühlsamkeit zu verbinden. Sobald andere auch die Herzenswärme spüren, die mit deiner Offenheit einhergeht, werden sie dir entgegenkommen und sich dir dankbar öffnen. Denn es gibt ein Urbedürfnis in jedem Menschen, ohne Verurteilung erkannt, verstanden und gesehen zu werden.

Originalbezeichnung im Englischen: *Queen of Swords*

Ritter der Schwerter

Stichworte

Feuer in Luft

Konzentration auf ein Ziel klare Ausrichtung Fokus auf das Wesentliche Gefahr von Ungeduld

Die wichtigsten Symbole

Der Ritter jagt in gestrecktem Galopp durch sein Element, die Luft. In beiden Händen hält er ein **Schwert**. Seine Gedankenkräfte lenken das Pferd und weisen ihm die Richtung. Die **grün-gelbe Färbung** seiner Rüstung deutet auf das kreative Potenzial seiner Ideen, die er klar und präzise formuliert.

Die **vier Propeller** symbolisieren die vier Himmelsrichtungen und weisen darauf hin, dass Gedanken frei und nicht durch Raum und Zeit begrenzt sind. **Drei Schwalben** fliegen mit ihm. Sie stehen für Körper, Geist und Seele, die im Einklang sein müssen, wenn wichtige Ziele im Leben erreicht werden sollen.

Vertiefung

Der *Ritter der Schwerter* ist eine Aufforderung, die Kraft deiner Gedanken zu bündeln und auf das auszurichten, was für dich in deinem Leben tiefe Bedeutung hat. Jetzt solltest du dich nicht länger zerstreuen oder ablenken lassen. Halte für eine Weile inne und löse dich aus deinem alltäglichen Trott. Frage dich: Was will ich aus meinem Leben machen? Was sind die höchsten Ziele, für die es sich lohnt zu leben? Wofür will ich mich einsetzen?

Wenn du diese Fragen gründlich erforschst, öffnet sich irgendwann in dir ein innerer Raum voller Klarheit, Gewissheit, Freude und Kraft. Deine täglichen Erfahrungen bekommen einen neuen, tieferen Sinn. Nichts, was dir begegnet, ist dann reiner Zufall oder bedeutungslos. Alle Erfahrungen spiegeln dir, ob du dich im Einklang mit dir selbst und deiner höchsten Wahrheit befindest oder ob du dich von dir entfernt hast und deinem inneren Wissen untreu geworden bist.

Was du jetzt in deinem Leben anstrebst, sollte dich schließlich mit Glück erfüllen. Daran kannst du messen, ob deine Ziele deiner inneren Wahrheit entsprechen oder nur Illusionen sind, die notwendig enttäuscht werden müssen. Wenn die Motive deines Handelns und Strebens von irgendeiner Angst unterwandert sind, wird dein Vorandrängen schmerzhafte Erfahrung für dich und andere verursachen. In dem Maße, in dem die Kräfte der Liebe dich beflügeln, wirst du viele Wunder erleben und aus dem Staunen gar nicht mehr herauskommen.

Originalbezeichnung im Englischen: *Knight of Swords*

Prinzessin der Schwerter

Stichworte

Erde in Luft

Rebellion **die Power des Nein**

Befreiung von begrenzenden Vorstellungen **neue Klarheit**

Die wichtigsten Symbole

Das **wirbelnde Schwert** in der rechten Hand der Prinzessin zeigt die aufrüttelnde Frische ihres Geistes. Der **alte, leere Altar** wird in die Luft gesprengt. Ihr Wunsch nach Freiheit, Offenheit und Wahrheit zerstört alte, begrenzende Vorstellungen über sich selbst und das Leben.

Die **Propeller** heben sie empor in eine neue Freiheit. Die Farbe **Grün** zeigt, dass aus **Rauch, Schutt und Asche** etwas Neues, Frisches hervorgeht.

Vertiefung

Wenn es dir schwerfällt, Nein zu sagen, dich abzugrenzen und zu dir und deiner Wahrheit zu stehen, ist es jetzt vielleicht Zeit für eine neue Erfahrung. Prüfe, wann du dazu neigst, dich mit etwas abzufinden, und wann du faule Kompromisse eingehst. Höre auf, um des lieben Friedens willen deine Kraft zu verstecken. Schlage ruhig einmal mit der Faust auf den Tisch und brülle: „Stopp! Ich mache nicht mehr mit!" Das solltest du auch gegenüber dir selbst tun, wenn du bemerkst, dass du dich lange eingeschränkt und klein gemacht hast.

Lasse in dir und deinem Leben nichts mehr gelten, was nicht wirklich deiner Wahrheit entspricht. Dieses Nein aus Liebe zu dir kann zutiefst heilend und befreiend sein - nicht nur für dich selbst, sondern auch für die betroffenen Menschen. Es gibt einen berechtigten Zorn, der, solltest du ihn unterdrücken, sich in dir in Gift verwandelt. Wenn du ihm Raum gibst, macht er den Weg frei für Ehrlichkeit, Klarheit und Liebe.

Nachdem du alles ausgedrückt hast, ist es wichtig, innerlich wieder loszulassen und zu entspannen. Nur wenn du dein Herz bei allem offenlässt oder bald wieder öffnest, kann Liebe erneut fließen. Zum Ausdruck deiner Kraft gehören auch deine Offenheit und Berührbarkeit. Das hilft den anderen, sich nicht zu verschließen.

Sollte dies doch der Fall sein, nutze die schmerzhafte Erfahrung, um dich dir selbst liebevoll zu öffnen. Dadurch kannst du dir und anderen verzeihen und frei werden. Menschen oder Lebensverhältnisse, die sich dann aus deinem Leben entfernen, machen nur Raum für Neues, das dir viel mehr entspricht. Wenn du loslässt, kann der aufgewirbelte Staub sich wieder legen und du erlebst eine neue Klarheit und inneren Frieden.

Originalbezeichnung im Englischen: *Princess of Swords*

Prinz der Schwerter

Stichworte

Luft in Luft

DIE Karte für Trennung und Abschied

radikale Trennung von Gedanken, Ideen, Vorstellungen, Überzeugungen, Meinungen manchmal auch von Menschen, Dingen, Situationen und Lebensverhältnissen

Die wichtigsten Symbole

Die **grüne Farbe** des Prinzen deutet auf seinen Einfallsreichtum und seine kreativen Gedanken. Die **schwarzen Flecken auf seinem Körper** zeigen Reste von Unbewusstheit und „blinden Flecken". Mit seinem **Schwert der Klarheit** holt er weit aus, um die Verbindungen zu den drei Figuren, die den Wagen ziehen, zu durchschneiden. Diese stellen einschränkende Ideen und Gefühle oder auch einengende Beziehungen oder Lebensverhältnisse dar.

Der **Kristall** im Wagen zeigt eine neue, klare Wahrnehmung. Er hat die Gestalt einer Doppelpyramide, die Gegenpole zu einer Ganzheit vereint. So ist in Abschied und Trennung gleichzeitig die Möglichkeit einer neuen Begegnung und Vereinigung enthalten.

Vertiefung

Abschied und Trennung können wehtun und Angst machen. Sie können aber auch sehr befreiend und erleichternd sein, vor allem, wenn Ehrlichkeit und Wahrheit dich leiten. Diese Tarot-Karte enthält immer auch eine Aufforderung, dich von unnötigen Begrenzungen zu befreien. Finde heraus, ob sich dies auf eine Person oder Situation in deinem äußeren Leben bezieht oder ob dies ein innerer Schritt des Loslassens von negativen Gedanken sein sollte.

Prüfe, ob deine Ansichten über dich, das Leben oder andere Menschen einer liebevollen Wahrheit oder eher einer lieblosen Verurteilung entsprechen. Ersteres wird dich mit dem Leben verbinden, Letzteres von ihm abschneiden. Trenne dich von lebensverneinenden Ideen und Überzeugungen, bevor diese dich von dir selbst und deiner Lebensfreude abschneiden.

Sokrates wurde vom Orakel von Delphi zum weisesten Mann seiner Zeit erklärt. Als die Leute ihm davon berichteten, sagte er: „Das ist merkwürdig, denn ich weiß im Grunde nur eins, nämlich, dass ich nichts weiß.“ Das ist die Weisheit, Offenheit und Unschuld eines kleinen Kindes, das noch keine fixen Ideen über sich und das Leben hat.

Wenn du nicht – wie du es sicher bei vielen Menschen beobachten kannst – in festen, vorgefertigten Standpunkten erstarren willst, ist es notwendig, dein Schwert der Klarheit zu gebrauchen. Experimentiere mit deinen Ideen und mache deine Erfahrungen damit, aber betrachte sie niemals als die absolute Wahrheit. Meinungen und Überzeugungen sind veränderbar. Das weißt du aus eigener Erfahrung, denn noch vor zwei oder drei Jahren (oder gar Monaten) hast du über vieles anders gedacht als heute. Das muss so sein, denn es zeigt deine Entwicklung.

Was ist der Unterschied zwischen der *Prinzessin der Schwerter* und dem *Prinzen der Schwerter*? Bei beiden geht es um das Durchtrennen von Konzepten, Vorstellungen und Ideen. Beide distanzieren sich von etwas, das nicht mehr stimmt. Das ist die Gemeinsamkeit. Bei der Prinzessin ist der rebellische Aspekt mehr betont. Sie wirbelt in der Situation einiges an Staub auf. Der Prinz dagegen ist bereits etwas klarer. Er liebt die Freiheit kompromisslos und radikal und braucht gar nicht mehr zu rebellieren. Er sieht, was nicht mehr stimmt, und durchtrennt das ganz einfach.

Originalbezeichnung im Englischen: *Prince of Swords*

Übung zu Beziehungsthemen

Für diese Übung verwendest du alle Karten des Decks. Lege dir dein Notizbuch bereit.

Die Übung hat insgesamt vier Ebenen und ist daher recht umfangreich. Du kannst sie dir auch einteilen, z. B. indem du eine Ebene pro Tag vertiefst.

1. Ebene: Die Beziehung zu dir selbst

- Stelle dir folgende Fragen:
  „Wie erlebe ich mich:
  a) wenn ich alleine bin,
  b) wenn ich arbeite,
  c) wenn ich mit … (einem wichtigen Menschen) … zusammen bin?"
  „Welche Beziehung habe ich zu meinem Körper?"
  „Wie gehe ich mit mir selbst um?"
- Notiere dir deine Impulse, Gedanken und Gefühle.
- Ziehe dann zu jeder Frage eine Karte und prüfe, was deine Innere Weisheit und Führung zu deinen notierten Antworten sagt.

2. Ebene: Beziehungen zu wichtigen Menschen

- Stelle dir folgende Fragen:
  „Welches sind die Menschen, die mir nahestehen?"
  „Was verbindet uns?"
  „Was will ich mit diesem Menschen lernen, entwickeln oder befreien?"
  „Gibt es etwas, das noch nicht ganz angenommen und vergeben ist?"
- Notiere dir deine Impulse, Gedanken und Gefühle.

- Ziehe dann zu jeder Frage eine Karte und prüfe, was deine Innere Weisheit und Führung zu deinen notierten Antworten sagt.

3. Ebene: Beziehung zur Welt

- Prüfe deine Beziehung zur Welt anhand von vier Aspekten:
  a) Beruf und Selbstausdruck
  b) Geld und Besitz
  c) Wohnsituation und Lebensumfeld
  d) Mein Geschenk an das Leben
- Notiere dir deine Impulse, Gedanken und Gefühle.
- Ziehe dann zu jeder Frage eine Karte und prüfe, was deine Innere Weisheit und Führung zu deinen notierten Antworten sagt.

4. Ebene: Verbindung zum Göttlichen bzw. zur inneren Heimat

- Stelle dir folgende Fragen:
  „Wie pflege ich die Verbindung zu meiner inneren Weisheit und Führung?“
  „Wie erlebe ich das Göttliche in meinem Alltag?“
- Notiere dir deine Impulse, Gedanken und Gefühle.
- Ziehe dann zu jeder Frage eine Karte und prüfe, was deine Innere Weisheit und Führung zu deinen notierten Antworten sagt.

Übung: Der Tarot-Dialog

Der Tarot-Dialog kann ein spannender und erkenntnisreicher Prozess zur Klärung einer Verbindung mit einem ganz besonderen Menschen sein. Dies kann jemand sein, den du ganz besonders liebst und mit dem du tiefer gehen möchtest. Es kann aber auch ein Mensch sein, der dich herausfordert. Vielleicht auch jemand aus der Vergangenheit, mit dem einiges unabgeschlossen blieb.

Der Tarot-Dialog geht folgendermaßen:

- Stelle dir vor, die Person, mit der du diesen Dialog machen möchtest, sitzt dir gegenüber auf einem Stuhl oder auf dem Boden. Verbinde dich mit ihr, bis du sie intensiv spüren kannst.
- Bereite den Fächer der Tarotkarten verdeckt vor dir aus, sodass die Karten zwischen dir und der imaginären Person liegen.
- Beginne, mit diesem Menschen zu sprechen. Du nennst ihn oder sie beim Namen und lässt Worte kommen. Sprich einfach all das aus, was gerade in einem Herzen da ist. Vielleicht ein Überschwall an Liebe oder ein Gefühl von Trauer und Schmerz, etwas, was dir weh- oder leidtut. Lasse dein Herz einige Minuten lang auf diese Weise sprechen.
- Wenn es dann in dir still wird, ziehe für das, was du gesprochen hast, eine Tarotkarte und lege sie mit der Rückseite nach oben hin.
- Notiere dir einige wenige Stichworte zu dem, was du gesagt hast.
- Dann wechselst du die Seiten und setzt dich auf den Platz dieses Menschen. Werde für einen Moment zu diesem Menschen. Antworte dir selbst aus seiner Perspektive. Lasse wiederum dein Herz sprechen, so wie du das Herz dieses Menschen empfindest. Erlaube dir, alles auszudrücken, was du in der Rolle und auf dem Platz dieses Menschen empfindest und erlebst.

- Wenn das ausgedrückt ist, ziehst du wieder eine Karte und lässt sie unaufgedeckt liegen. Notiere dir auch hier einige wenige Stichworte.
- Gehe wieder zurück auf deinen eigenen Platz und antworte dem, was dein Gegenüber dir gesagt hat. Drücke aus, was dich berührt hat, was du verstehen und annehmen kannst, und was noch nicht. Sage ihm, womit du Mühe hast, und lasse wiederum dein Herz sprechen.
- Ziehe dafür die nächste Karte. Und so weiter.
- Wenn auf jeder Seite drei oder vier Karten liegen, dann schließe auf deine Weise diesen Dialog ab. Allein dieser Dialog wird etwas in dir bewegen. Er wird dich in die Tiefe deiner Verbindung zu diesem Menschen führen.
- Wenn du bereit bist, decke die gezogenen Karten eine nach der anderen auf. Lasse auf dich wirken, was deine Innere Weisheit zu dem ausdrückt, was du an deinem oder auf dem Platz deines Partners oder deiner Partnerin ausgedrückt hast. Das kann ein zusätzliches Licht auf die Themen eurer Verbindung werfen. Vielleicht werden dir Themen aufgezeigt, die dir so noch gar nicht bewusst waren.

Dieser Dialog kann in dir innere Räume öffnen, die dich in den kommenden Tagen noch weiterbewegen werden. Achte also weiterhin gut auf deine emotionalen Wellen und gib allem in dir liebevoll und wertschätzend Raum.

Übung
zu einem wichtigen Lebensthema

Die Übung besteht aus drei Schritten:

1. Schritt

- Verbinde dich mit deinem Atem und Körper.
- Lasse aus deinem inneren Erleben einen **Lebensbereich** auftauchen, der dir ein ganz **besonderes Anliegen ist**. Einen Bereich, in dem du dich entwickeln und entfalten möchtest.
- Wenn sich dieser Lebensbereich eingestellt hat, gib ihm eine **Überschrift** oder einen Namen.
- Frage dich: **„Wo stehe ich jetzt mit diesem Thema oder mit diesem Bereich meines Lebens?“** Lasse es dich fühlen, wo du gerade stehst.
- Zu diesem Gefühl lasse **spontan eine Tarotkarte vor deinem inneren Auge auftauchen**. Sie ist deine **Ausgangskarte**.
- Verbinde die aufgetauchte **Tarotkarte mit der Überschrift**, die du vorhin gefunden hast.
- Vertraue dem, was auftaucht. Du kannst keine Fehler machen.
- Schreibe deine Tarotkarte und deine Überschrift auf.

2. Schritt

- Verbinde dich erneut mit deinem Atem und Körper.
- Öffne dich für die höchste Erfüllung in dem Lebensbereich, den du in Schritt 1 benannt hat. Was ist das Schönste und Beste, was du dir vorstellen kannst? **Was ist deine höchste Vision für dieses Thema?** Fühle die Freude, die sich einstellt, wenn du dich mit deiner höchsten Erfüllung verbindest.

- Lasse **eine Tarotkarte vor deinem inneren Auge auftauchen**. Sie symbolisiert das, was du bereit bist zu erleben, wozu du dich jetzt schon innerlich bereit machst, und ist deine **Zielkarte**.
- Notiere in kurzen Stichworten deine Vision und die dazu aufgetauchte Tarotkarte.

3. Schritt

- Suche aus den Tarotkarten deine **Ausgangskarte** und deine **Zielkarte** heraus.
- Wenn du magst, schreibe jetzt auf, was du mit diesen beiden Karten verbindest. Hast du eine Ahnung, weshalb gerade sie vor deinem inneren Auge aufgetaucht sind?
- Lege die beiden Karten im Abstand von etwa fünf Schritten auf den Boden.
- Mische die restlichen Karten und lege sie mit der Rückseite nach oben im Fächer vor dich hin.
- **Ziehe fünf Karten**, die die **fünf Schritte** zwischen deiner **Ausgangskarte** und deinem **Ziel** bedeuten.
- Wenn du die fünf Karten gezogen hast, mische sie noch einmal, bis du das Gefühl hast, jetzt liegen sie richtig. Dann lege eine nach der anderen unaufgedeckt zwischen der Ausgangskarte und deiner Zielkarte hin.
- Nun stelle dich mit den Füßen **links und rechts neben deine Ausgangskarte** und fühle dich in diesen Erfahrungsraum hinein.
- **Dann mache den ersten Schritt.** Stelle dich auf deine erste Karte. Vielleicht magst du sie erst noch unaufgedeckt liegen lassen und sie fühlen. Wie fühlt sie sich an? Was nimmst du wahr? Du kannst das laut aussprechen. Dann decke sie auf und fühle noch tiefer in diesen Erfahrungsraum hinein. Stimmt

deine Wahrnehmung von eben mit der aufgedeckten Karte überein? Wie fühlt sie sich an? Was spürst du? Was zeigt dir deine innere Weisheit für diesen ersten Schritt? Erfahre diese Karte in deinem Körper und sprich es laut aus.

- Wenn du diesen ersten Schritt integriert und komplett gefühlt hast, dann **mache den zweiten Schritt**, stelle dich mit den Füßen links und rechts deine zweite Karte und verfahre ebenso wie bei der ersten Karte.

- Schritt für Schritt näherst du dich deiner Zielkarte. Stelle dich auch auf deine Zielkarte und fühle deine Vision. Wie fühlt sie sich jetzt an, nachdem du all die Schritte auf deinem Lebensweg gegangen bist? Du kannst dich auch umdrehen und auf deinen zurückgelegten Weg schauen. Was hat sich verändert, während du die Schritte gegangen bist? Welcher Schritt war herausfordernd, welcher leicht? Lass es dich in deinem Körper fühlen, erfahre es körperlich und werde zu deiner Vision.

- Notiere dir zu jeder Karte deine Gedanken, Gefühle und Empfindungen.

- Wenn du magst, mache ein Foto von deinem Weg und schaue es dir zusammen mit deinen Notizen immer wieder an.

V = Visionskarte

Karten 1 bis 5 = die Schritte zu deiner Vision

A = Ausgangskarte

Anleitung zum Legen der Siebener-Parabel

Verwende für diese Übung alle Karten im Tarot-Deck.
Die Übung hat insgesamt drei Ebenen:

1. Ebene:

- Mische die Karten und verbinde dich mit deinem Atem und Körper.
- Lege die Karten mit der Rückseite nach oben in drei Stapel vor dich hin.
- Wähle intuitiv einen dieser Stapel aus, die anderen beiden Stapel werden zur Seite gelegt.
- Mische den ausgewählten Stapel noch einmal.
- Hebe sieben Karten von oben ab und lege sie eine nach der anderen in die unten dargestellte Form eines V. Links ist der absteigende, rechts der aufsteigende Ast.

Bedeutung der Karten:

Karte 1: Was ist vergangen? Was schließt sich jetzt als Vergangenheit ab? Was geht jetzt zu Ende?

Karte 2: Die Karte der **Gegenwart**, für diesen jetzigen Moment. Wo stehst du jetzt? Wohin hat dich das Leben bis jetzt geführt?

Karte 3: Die Karte der **Zukunft**. Das, was jetzt beginnt und vor dir liegt. Wenn es sich um eine Transformations-Karte handelt, sage dir innerlich: Ich bin bereit, mich diesem Thema zu stellen und alles in das Licht der Liebe zu bringen.

Karte 4: Was gibt es zu beachten? Was ist zu tun? Was ist zu beenden? Wenn sich hier eine Transformations-Karte zeigt, dann heißt das, es ist wichtig, sich diesem Thema, dieser Angst, diesem Schattenaspekt, diesem Gefühl zu stellen. Es ist wichtig, zu erkennen, wie du dieses Thema gewohnheitsmäßig erlebst, wie du diesen Aspekt umarmen und in die Liebe bringen kannst. Die anderen Karten zeigen dir ein Potenzial, auf das du dich einlassen und das du umsetzen darfst.

Karte 5: Gibt es **hilfreiche oder störende Kräfte**, die du im Außen erlebst? Welche Einflüsse, welche Kräfte kommen von außen auf dich zu? Entweder als unterstützende Form, als Potenzial oder in einer herausfordernden Form.

Karte 6: Diese Karte zeigt die **inneren Kräfte**, die du in diese Angelegenheit oder in dein Leben einbringst. Entweder in Form deiner größten Ängste und Befürchtungen oder als deine größten Hoffnungen.

Karte 7: Diese Karte ist die **Schlüsselkarte**. Sie zeigt einen Bereich, ein Thema, eine Energie, mit der du noch länger zu tun haben wirst. Etwas, was dich noch länger begleiten wird. Sie zeigt ein **Schlüsselthema** für dich.

- Lasse die Botschaften der Karten auf dich wirken und notiere dir die Impulse, Gedanken und Gefühle, die sich zeigen.

Anmerkung: *Weitere Übungen und Legesysteme findest du in jedem Tarotbuch von Gerd Bodhi Ziegler.*

Hinweise für die Umsetzung in den Alltag

Vielleicht spürst du nach der Lektüre dieses Buches selbst schon in dir: Eine tägliche, bewusste Ausrichtung auf deine Innere Weisheit und Führung ist für dich essenziell wichtig geworden. Wir empfehlen dir, eine Zeit lang in dieser täglichen Anbindung das Werkzeug Tarot mit einzubeziehen. Wenn du mit Tarot vertraut werden möchtest – und diese Vertrautheit ist eine Voraussetzung, um mit den Karten gut arbeiten zu können – ist es wichtig, dass du mit diesem Werkzeug täglich lebst.

Durch das Buch hast du viele Anstöße und Impulse bekommen, die in deinem Inneren weiterwirken. Diese innere Arbeit will in der kommenden Zeit in dein alltägliches Leben integriert werden. Dazu geben wir einige kleine und einfache Anregungen.

Nimm dir täglich 15 Minuten Zeit für dich.

Ideal ist es, wenn du täglich mindestens 15 Minuten Zeit findest. Wenn es möglich ist, natürlich auch mehr. Wenn du dir diese 15 Minuten nimmst, dann frage dich zum Anfang: Was will mein Körper? Will er sich schütteln, will er abgeklopft werden oder wünscht er sich eine kleine Körperübung, die du genießt? **Nimm dir für deinen Körper die Zeit, die er sich wünscht.**

Gehe in den Selbstkontakt.

Indem du dich einige Atemzüge lang bewusst mit deinem Atem verbindest, öffnest du den Zugang zu dir selbst. **Nimm deinen Körper von innen her wahr.**

Verbinde dich nach unten zur Erde, öffne dich nach oben zum Himmel. Erinnere dich daran, dass du jederzeit von grenzenloser Ausdehnung umgeben bist. Dein ganzes Leben ist von dieser grenzenlosen Weite eingehüllt und durchdrungen.

Es ist die Eine Große Kraft des Lebens, die alle deine menschlichen Angelegenheiten liebevoll lenkt und bewegt. Wenn dein Herz an dieser Stelle von irgendetwas voll ist, kannst du auch ein einfaches Herzensgebet anschließen.

Segne dich, den Tag und dein Menschsein.

Aus diesem innigen Kontakt mit dir selbst kannst du nun, wenn dies für dich stimmt, dich und das Leben segnen. Vielleicht magst du sagen: **„Dieser Tag ist gesegnet. Mein ganzes Leben ist gesegnet.“** Vielleicht willst du dann auch Menschen in deinem Leben segnen. Sprich es laut aus: **„Dieser Mensch ist gesegnet.“** Auf dieselbe Weise kannst du Lebensbereiche, die dir wichtig sind, segnen.

Nimm jetzt die Tarotkarten zur Hand.

Nimm die Tarotkarten und halte sie für einen Moment in beiden Händen. Nun mische die Karten.

Es gibt drei Karten für jeden Tag. Wie du die Karten findest, bleibt dir überlassen.

Die **1. Karte** zeigt dir die **Grundenergie des Tages**.
Die **2. Karte** zeigt dir, was heute zu **beachten und zu tun** ist.
Die **3. Karte** ist die **Lektion dieses Tages**.

Reflektiere die morgens gezogenen Karten am Abend.

Wenn du die Karten am Morgen ziehst, liegt der Tag noch vor dir. Du lässt diese Karten offen an ihrem Platz liegen und gehst mit diesen Botschaften durch den Tag. Am Abend vor dem Schlafengehen fällt dein Blick dann wahrscheinlich wieder auf deine Karten des Tages. Und du spürst noch einmal in den Tag hinein: Aha, das war die Grundenergie dieses Tages! Wie habe ich diese Grundenergie eigentlich erlebt? Das sollte ich beachten oder tun! Habe ich das? Aha! Das sollte die Lektion dieses Tages sein! Jetzt verstehe ich!

Umarme dich mit dem, was jetzt gerade ist.
All das, was sich während der Lektüre dieses Buches in dir bewegt hat, wird sich sehr wahrscheinlich als Wellen in der kommenden Zeit weiter in dir bewegen. Vielleicht fühlst du dich jetzt inspiriert und voller Energie und Tatkraft. Es könnte aber auch sein, dass du in der kommenden Zeit Wellentäler erlebst und sich innere Schatten melden.

Wenn dir Letzteres geschieht,
könnte sich dies zum Beispiel dadurch zeigen, dass du traurig bist oder dich verloren fühlst. Es können auch uralte Emotionen hochkommen. Oder plötzlich fließen die Tränen und du weißt gar nicht warum. Du bist einfach nur überwältigt und berührt. Das gehört zu unserem Weg im Menschsein dazu.

Ein Zauberschlüssel in solchen Momenten ist es,
dich wertschätzend und liebevoll zu umarmen. Nichts ist falsch an dem Auf und Ab deines inneren Erlebens. Mal ist die Welle oben, mal ist sie unten. Du bist deswegen nicht weniger wertvoll oder hast etwas verpasst oder versäumt, wenn sich alte Schatten in deinem Leben zeigen. Es gehört zu unserem Prozess der Selbstfindung dazu und deutet auf eine tiefe Reinigung unseres Unterbewussten.

Ein Hinweis für dich als zukünftige*r Tarot-Berater*in

Wenn du damit beginnst, Tarot-Sitzungen anzubieten, werden wahrscheinlich Menschen auf dich zukommen, die für ihre Lebensthemen Lösungen oder Klärung suchen. Sie wünschen sich neue Klarheit für die Lebensbereiche, die sie besonders herausfordern oder von denen sie vielleicht überfordert sind. Häufig bringen sie genau die Themen und Geschichten, mit denen du selbst in der Vergangenheit gerungen hast oder die auch in deinem aktuellen Leben sehr präsent sind. Dadurch unterstützt jede Beratung auch deine eigene Entwicklung.

Zu Beginn einer Sitzung empfehlen wir zuerst eine gemeinsame Einstimmung, die bei euch beiden den Selbstkontakt herstellt und vertieft. Ein guter Innenkontakt, der auch die Wahrnehmung von Atem und Körper mit einbezieht, ist die Grundlage für den Zugang zur Inneren Weisheit und Führung. Denn von ihr kommen alle wirklich wertvollen Antworten und Impulse.

Es ist sehr wichtig zu verstehen, dass Tarotkarten allein keinerlei Antworten und Lösungen aufzeigen können. Tarot ist lediglich ein großartiges Werkzeug, um sich mit der Inneren Weisheit zu verbinden. Die Tarotbilder können als Spiegel der Seele bewusst machen, was tief in unserem Inneren bereits an Erkenntnissen und Potenzialen vorhanden ist.

Wenn also euer Innenkontakt hergestellt ist, empfehlen wir, – noch bevor dein Klient oder deine Klientin aus seinem oder ihrem Leben berichtet oder Fragen stellt, – die Grundbotschaften zu mischen, so wie wir diesen Vorgang auf Seite 18 beschrieben haben. Ist eure gemeinsame Ausrichtung auf die Innere Führung vorhanden, werden diese drei Botschaften bereits einen ersten hilfreichen Eindruck vermitteln, worum es in der aktuellen Situation geht. Danach bekommt dein*e Klient*in reichlich Raum, um zu berichten.

Höre einfach entspannt und aufmerksam zu, ohne dich mit den Ereignissen und Geschichten zu identifizieren. Denn starke Identifikation zieht dich in die Enge und Begrenztheit äußerer Ereignisse mit hinein. Dadurch würdest du deine eigene innere Weite und Offenheit verlieren, aus der heraus sich immer die wichtigsten Impulse einstellen. Das Mitgeteilte wird gewürdigt und bekommt Raum. Allein dies hat für den Mitteilenden bereits großen Wert. Denn die meisten Menschen haben in ihrem Leben zu selten Gelegenheit, sich wirklich zu öffnen und zu zeigen. Darüber hinaus ist es sehr heilsam, einfühlsam angenommen zu werden.

Sei also so präsent wie möglich und lausche aufmerksam. Dann wird dein Gegenüber früher oder später etwas sagen, in dem du eine besondere Qualität spürst. Es besitzt vielleicht eine erhöhte Intensität oder berührt eine tiefere innere Ebene. Dies sind die Momente, in denen das Werkzeug Tarot zum Einsatz kommt. Du kannst dann einladen, für das soeben Gesagte eine Karte zu ziehen. Des Weiteren können Karten gezogen werden für die geschilderten Lebenssituationen, für aufgetauchte Fragen oder für verschiedene Optionen, wenn es um eine Entscheidung geht.

Die Kunst einer Beratung besteht darin, die Botschaften der Karten in einen praktischen Bezug mit dem jeweiligen Lebensbereich zu setzen. Wenn du bereits Menschen begleitest, wirst du aus deiner Erfahrung schöpfen können. Dann ist Tarot einfach ein weiteres Werkzeug, das du gewinnbringend einsetzen kannst. Wenn du keinen solchen Erfahrungshintergrund besitzt, könntest du und dein*e Klient*in auch ganz einfach damit beginnen, gemeinsam die Ausführungen zu einer Karte in diesem Buch zu lesen. Wenn ihr die vorliegenden Texte auf euch wirken lasst, kann sich spontan ein tieferes Verständnis für die jeweilige Situation einstellen.

Wie bereits anfangs erwähnt, demonstrieren wir in unseren Präsenz-Tarot-Ausbildungen jeden Vormittag den Einsatz von Tarot für die ganz konkreten Fragen und Themen der

Teilnehmenden. An den Nachmittagen und Abenden werden Beratungen mit den jeweils vorgestellten Karten durchgeführt. Das sind die ersten praktischen Übungsschritte beim Erlernen der Anwendung dieses Werkzeugs.

Mache dich von Anfang an frei von jedem Anspruch, für einen anderen Menschen eine Lösung finden zu wollen. Dies wäre eine Falle, in die viele beratend Tätige erst einmal fallen können. Damit würdest du dich nur unnötig selbst unter Druck setzen. Denn wahre Antworten und Lösungen werden sehr selten allein vom denkenden Verstand erarbeitet. Stattdessen entspringen sie fast immer der Weisheit des Herzens, die durch Einstimmung, Innenkontakt und Vertiefung freigesetzt wird.

In Wahrheit geht es vorrangig nicht um Lösungen im Außen. Viel wichtiger ist es, die Menschen, die zu dir kommen, darin zu unterstützen, die Herausforderungen des Lebens zu nutzen für eine vertiefte innere Begegnung. Wenn diese sich einstellt, hat eine Tarot-Sitzung wirklich größten Wert für einen Menschen. Du wirst sehen, dass dieser Mensch am Ende einer Sitzung glücklich ist, selbst wenn sich eine endgültige Lösung noch nicht gezeigt hat. Denn die Innere Weisheit erkennt den Wert und den tieferen Sinn einer Lebenssituation für die eigene Entwicklung. Die Herausforderungen sind dann wertgeschätzt. Eine neue Perspektive für das eigene Wachstum kann gespürt und gesehen werden. Das macht uns glücklich und lebendig.

Die Möglichkeiten, Tarot in der Begleitung von Menschen einzusetzen, sind unbegrenzt. Fühle dich frei und habe den Mut, deinen ganz eigenen Stil und Zugang zu entwickeln! Lasse alle deine Liebe, Klarheit und Intensität mit einfließen! Die Rückmeldungen der Menschen dienen dir dann als Sprache des Lebens, von der du lernen kannst, was den Menschen dient und was nicht. Sei bereit, immer wieder neu zu beginnen und unaufhörlich dazuzulernen!

Abschließende Meditation zum Selbstkontakt

Dein wunderbarer Selbstkontakt ist einer der wichtigsten Schlüssel für deinen weiteren Weg. Beginne jede Tarot-Sitzung damit. Und am besten auch jeden Tag. Auch im Verlauf des Tages kannst du ihn, inmitten deiner Tätigkeiten, immer wieder erinnern, bestätigen, vertiefen. Alle drei wichtigen Impulse des Selbstkontaktes (**Atem, Körper und Ausdehnung**) enthalten auch immer die beiden anderen. Manchmal braucht es nur einen davon und die anderen beiden stellen sich wie von selbst ein.

- **Atem:** Richte deine Aufmerksamkeit nach innen und verbinde dich immer wieder mühelos mit deinem Atem. Bewusster Atem ist wie eine Erinnerung und ein Entspannen in den Atemfluss hinein. Genieße diese ursprüngliche Bewegung deiner Lebendigkeit. Es atmet dich. Es ist die eine Kraft des Lebens, die dich atmet, die will, dass du lebst. Du musst dich um deinen Atem nicht bemühen. Vertraue deinem natürlichen Atemfluss. Nimm einfach das auf, was ist, und verbinde dich damit.

- **Körper:** Da die Bewegung deines Atems in deinem Körper stattfindet, ist sie auch der perfekte Zugang zu deiner Körperwahrnehmung, zu deiner Körperpräsenz. Spüre deinen Körper von innen her – von den Fußsohlen bis zum Scheitel. Stelle dir vor, wie der Scheinwerfer deines Bewusstseins durch alle Zonen deines Körpers strahlt. Auf diese Weise füllt sich dein ganzer Körper mit Bewusstsein, mit Präsenz, mit Anwesenheit.

- Schenke das Gewicht deines Körpers vertrauensvoll nach unten hin. So erlebst du das Getragensein durch die Erde. Dieses Einlassen auf das Getragensein, auf den Ort und den

Platz, an dem du gerade bist, schenkt dir jedes Mal ein Stück Urvertrauen zurück. **Denn Urvertrauen ist grundsätzlich das Gefühl des Getragenseins vom Leben**, von der nährenden Quelle des Lebens hier auf diesem Planeten. Deshalb erinnere dich von Zeit zu Zeit auch an dein Verbundensein mit der Erde, wenn du deinen Körper wahrnimmst.

- **Ausdehnung:** Atem und Körper verankern dich im Jetzt. Dieser wundervolle Moment kann darüber hinaus in deinem Erleben zum **„Ewigen Jetzt"** werden, wenn du dich gleichzeitig erinnerst an die grenzenlose Weite, die dich immer in alle Richtungen umgibt. So wie unser Universum ständig in unvorstellbarer Ausdehnung begriffen ist, gilt dasselbe ganz natürlich für unser Bewusstsein, das mit allem verbunden und eins ist. So erlebst du dich verbunden auch mit dem Licht und der Weite des Himmels. Diese Verbindung nach oben kann auch ganz bewusst als dein Zugang zur göttlichen Führung gespürt werden. **Sie kann dich in deinem Erleben mit dem Herzen des Universums verbinden.**
- Von dort her, von der Urschöpferquelle allen Seins, strömt nun Licht und Segen in dich hinein, wie es das Bild des *Asses der Kelche* so schön darstellt. Es strömt in dich hinein, es erfüllt dich und fließt durch dich hindurch bis tief in die Erde hinein. **Das verwandelt dich in einen Kelch der Liebe**, in eine pure Liebespräsenz. Du erlebst dieses wunderbare **Gefühl des Kanalseins**, das wir von einigen Tarotkarten kennen. Es ist dein natürlicher Zustand. **Essenz, die eine Kraft allen Lebens, erfüllt dich und dein Menschsein.** So wirst du mehr und mehr zum Werkzeug dieser einen Kraft. Erlaube dir, dies bewusst atmend zu erleben.
- Es kann nun sein, dass du deinen Körper mehr und mehr wie ein Energiefeld erlebst. Du bist der weite offene Raum,

verbunden und eins mit der ganzen Existenz. Das Göttliche pulsiert in dir, strömt in dir und durch dich hindurch. **Segen, Segen, Segen für dein Menschsein, für alle Menschen in deinem Leben, für deinen einzigartigen Weg.**

- Deine Seele hat sich Lektionen vorgenommen mit vielen Herausforderungen und Geschenken. Sie hat die Absicht, dass du in diesem Leben alle in dir angelegten Potenziale entfaltest. So wirst du zum Geschenk und Segen für alle Menschen in deinem Leben, für die gesamte Existenz. **Segne nun deinen Weg, segne dein Leben, segne alle Stationen, Situationen und Ereignisse,** die du bereits durchlebt hast und segne genauso alles, was vor dir liegt. So kannst du in Frieden mit dir selbst und mit allem sein.

Dein Selbstkontakt ist die Grundlage für die Wahrheit des gegenwärtigen Momentes, für alles, was du jetzt gerade und in jedem weiteren Augenblick erlebst. Jede Erfahrung hat einen Einfluss auf Atem und Körper. Wenn du dort präsent bist, bist du auch anwesend in deinen Erfahrungen - von Moment zu Moment. Dein Leben wird immer bewusster und damit immer liebevoller, glücklicher und erfüllter.

Auch in schmerzhaften Erfahrungen oder Situationen, die dich beunruhigen oder ängstigen, kannst du mit der Übung des Selbstkontaktes präsent bleiben. Nichts tun, die Gefühle und Emotionen spüren und inmitten der Intensität anwesend bleiben. Diese innere Präsenz kann zu einem wertvollen Schlüssel werden, der dich und dein Leben verwandelt. Jede Annäherung daran lohnt sich. Sie bereichert und erfüllt dein Leben immer mehr.

Und wenn irgendwann im Laufe deines Weges auch einmal ein Schatten auf dich fällt, so ändert dies nichts an deinem Wert und deiner Göttlichkeit. Du bist auch dann immer noch das

Licht der Welt. Du bist auch dann eingeladen, dich den Menschen mitzuteilen, die gemeinsam mit dir auf dem Weg sind. Du darfst dich unterstützen lassen, dich immer wieder neu öffnen und zeigen mit dem, was dich gerade bewegt. Denn all das kann immer wieder ein Tor und Zugang zu deinem Sein werden, zu deiner vollkommenen Göttlichkeit, zu der Essenz dessen, was du bist.

Lass dich in diesem Moment spüren,
welche Geschenke du aus der
Beschäftigung mit Tarot
jetzt in dir trägst und
wie diese dein Leben bereichern.
Versprich dir selbst,
dir und diesem Weg treu zu sein,
was immer geschehen mag.
Wir sind gesegnet
und ein Segen für Menschen und Erde.

Anhang

Übersicht der Oktaven, der thematisch ähnlichen Karten und DIE-Karten

A. Oktaven

Unter dem Wort „Oktave“ ist gemeint, dass zwei, bzw. drei Karten dieselbe Energie aufweisen, dasselbe Thema behandeln. Einmal auf einer niedrigeren, das andere Mal auf einer höheren Ebene. Wie in der Musik der Ton c einmal auf einer niederen Ebene und dann eine Oktave höher auf einer höheren Ebene schwingen kann. Es ist und bleibt derselbe Ton c, lediglich die Frequenz ändert sich.

Manche Themen schwingen auf zwei Ebenen, dann gibt es eine untere und eine höhere Oktave. Andere dagegen haben drei Ebenen, was sich durch drei Oktaven ausdrückt.

1. Liebeserotik und Sexualität

Erste Oktave: *Sechs Kelche – Vergnügen*
Mittlere Oktave: *Prinz der Kelche*
Höchste Oktave: *XI Die Lust*

2. Transformation, Veränderung, Erneuerung

Erste Oktave: *Zehn Schwerter – Untergang*
Mittlere Oktave: *Prinz der Schwerter*
Höchste Oktave: *XVI Der Turm*

3. Energie, Lebendigkeit, Freude

Erste Oktave: *Neun Kelche – Glückseligkeit*
Mittlere Oktave: *Ass der Stäbe*
Höchste Oktave: *XIX Die Sonne*

4. Vollendung, ein Kreis schließt sich

Untere Oktave: *Vier Stäbe – Vollendung*
Höhere Oktave: *XXI Das Universum*

5. Meisterschaft in materiellen Angelegenheiten, innerer und äußerer Reichtum:

Untere Oktave: *Zehn Scheiben – Reichtum*
Höhere Oktave: *Ass der Scheiben*

6. Arbeit, Anstrengung und Einsatz

Untere Oktave: *Drei Scheiben – Werke*
Höhere Oktave: *Ritter der Scheiben*

7. Fokus auf das Wesentliche richten

Untere Oktave: *Vier Schwerter – Waffenstillstand*
Sechs Schwerter – Wissenschaft
Höhere Oktave: *Ritter der Schwerter*

B. Thematisch ähnliche Karten/ Verwandtschaft

1. Transparenz, Durchlässigkeit

II Die Hohepriesterin und *XVII Der Stern*

Die Hohepriesterin öffnet sich nach oben und schenkt ihre Impulse nach unten, während die Frau auf der Karte *Der Stern* vollkommen durchlässig geworden und in einen Raum höchster Transparenz eingetreten ist.

2. Autorität

IV Der Kaiser und *XII Der Gehängte*

Beide haben die gleiche Beinhaltung, nämlich in Form einer 4. *Der Kaiser* ist noch im Besitz seiner Autorität, denn die Beine haben die Form einer stehenden 4. *Der Gehängte* hat zwar auch die Beine in Form einer 4, sie stehen aber auf dem Kopf, was auf den Verlust dieser Autorität hindeutet. Er kann in der momentanen Situation nichts mehr tun.

3. Das Licht suchen

IX Der Eremit und *XVIII Der Mond*

Der Eremit sucht aktiv nach dem inneren Licht, während die Hinwendung beim *Mond* bereits geschieht, die Geburt ist bereits im Gange.

4. Quantensprung

XIV Kunst und *0 Der Narr*

Beide Karten enthalten die Möglichkeit eines Quantensprungs auf eine neue Ebene des Bewusstseins.

C. DIE-Karten

Unter der Bezeichnung **„DIE-Karte"** verstehen wir eine Karte, die einen Aspekt oder ein Thema auf eine ganz besondere Weise hervorhebt. Wird eine solche Karte gezogen, lohnt es sich, auf diesen Aspekt ein besonderes Augenmerk zu legen.

1. III Die Kaiserin

Die Kaiserin symbolisiert **DIE archetypische, irdische Frau** und das **weibliche Prinzip** in seiner schönsten, kraftvollsten, weiblichsten und weisesten Ausprägung.

2. V Der Hierophant

Der Hierophant ist **DIE Karte** der **inneren Weisheit und Führung**.

3. XII Der Gehängte

Der Gehängte ist **DIE Karte** der **Hingabe**.

4. XVI Der Turm

Der Turm ist **DIE Karte** der **Transformation**.

5. Ass der Scheiben

Das *Ass der Scheiben* ist **DIE Karte** des **inneren und äußeren Reichtums**.

6. Ass der Kelche

Das *Ass der Kelche* ist **DIE Karte** der **All-Liebe**, der großen Liebe als Grundqualität des Lebens.

7. Acht Kelche – Trägheit / Schock oder Trauma

Die *Acht Kelche* ist **DIE Karte**, bei der es um alte, nicht verarbeitete **Traumata** geht.

8. Sieben Schwerter – Vergeblichkeit

Die *Sieben Schwerter* ist **DIE Karte** des **Selbstzweifels**.

9. Neun Schwerter – Grausamkeit
Die *Neun Schwerter* ist **DIE Karte** der **grausamen Urteile** sich selbst und anderen gegenüber.

10. Prinzessin der Kelche
Die *Prinzessin der Kelche* ist **DIE Karte** der **Selbstliebe**.

11. Königin der Stäbe
Die *Königin der Stäbe* ist **DIE Karte** des **Mitgefühls**.

12. Prinzessin der Stäbe
Die *Prinzessin der Stäbe* ist **DIE Karte** für die **große Befreiung von Angst**.

13. Prinz der Stäbe
Der *Prinz der Stäbe* ist **DIE Karte** des **offenen Herzens**.

14. Prinz der Schwerter
Der *Prinz der Schwerter* ist **DIE Karte** für **Abschied und Trennung**.

Erklärungen zu der Bedeutung der Zahlen

Null = Die Zahl Null symbolisiert das uranfänglich Eine, das ungeteilte Ganze, das Umfassende.

Eins = Die Zahl der **Ganzheit**, der **Einheit**.

Zwei = Die Zahl der **Zweiheit**, die Begegnung mit dem Du und der **Dualität**.

Drei = Die Zahl des **Göttlichen**, der **Dreieinheit**.

Vier = Die Zahl der **Erde**, des **Erdelements**.

Fünf = Die Zahl des **Menschen**. Sie ist sehr anfällig für Störungen und im Tarot-Deck stets aus der Balance, also als **Transformations-Karte** dargestellt.

Sechs = Zwei Mal eine Drei. Die Sechs repräsentiert **göttliche Harmonie** und harmonisches Gleichgewicht.

Sieben = Bei der Sieben treffen sich die Drei und die Vier, das **Göttliche und** das **Materielle**.

Acht = Zwei Mal die Zahl Vier. Wenn man die Acht auf die Seite legt, hat man das Unendlichkeitszeichen und damit die **Balance**, den **Ausgleich**.

Neun = Drei mal die göttliche Zahl Drei. Die Neun ist die letzte Zahl in der Zahlenreihe und repräsentiert die **Vollendung** bzw. den **Abschluss eines Zyklus**.

Zehn = Die Zahl des **Durchbruchs**, das Betreten einer **neuen Ebene**.

ΤΟ ΜΕΓΑ ΘΗΡΙΟΝ
666

Gerd Bodhi Ziegler

Foto: © Nora Funke

Gerd Bodhi Ziegler hat sein ganzes Leben der Begleitung von Menschen gewidmet. Er unterstützt sie, sich selbst zu finden und ihre höchsten Liebes- und Bewusstseinspotenziale zu entfalten. Aus seiner Sicht ist Liebe eine Grundqualität unseres ursprünglichen Seins. Daher geht es in seiner Arbeit immer darum, aus der Illusion der Trennung in das Bewusstsein der Einheit zu erwachen. Sein Leben ist auf die Entfaltung der höchsten Potenziale ausgerichtet – sowohl bei sich selbst als auch bei den Menschen, die er in seinen Seminaren, durch seine Bücher und mit seinen Online-Auftritten begleitet.

In seinem aktuellen Projekt „Bewusstseins- und Lebensschule NEULAND" begegnen sich Menschen, die ihre innere Wahrheit immer wieder neu ergründen und dem Ruf ihres Herzens klar und kraftvoll folgen. Viele Teilnehmende berichten von einer tief gehenden Verwandlung ihres Lebens, von der Entdeckung einer befreienden Wirklichkeit und einem spirituellen Zuhause.

In einer Atmosphäre von Vertrauen und Echtheit öffnet *Bodhi* den Raum für Selbsterkenntnis und heilsame Herzöffnung. Kraftvolle Energiefelder entstehen, in denen sich die Menschen inspiriert, gestärkt, befreit und verbunden erleben.

Von *Gerd Bodhi Ziegler* sind im Königsfurt-Urania Verlag zahlreiche Bücher erschienen, u.a. das weltweit meistgelesene Tarotbuch: „Spiegel der Seele" zum Aleister Crowley Thoth Tarot, das in 14 Sprachen übersetzt wurde.

Bernhard Huber

Foto: privat

Seit mehr als 30 Jahren beschäftigt sich *Bernhard Huber,* Jahrgang 1963, mit den Crowley-Tarotkarten. Vor allem die vielfältige Bilderwelt und die Symbolsprache der Karten haben ihn von Anfang an fasziniert.

Zeitlebens hat er sein inneres Licht gesucht, was ihn in verschiedene Berufe sowie zu einer dreieinhalbjährigen Weltreise geführt hat. Diese umfangreichen Erfahrungen geben ihm nicht nur eine Weitsicht und Tiefe, das Leben zu betrachten, sondern ebenso eine innere Gelassenheit, diesem zu begegnen.

In der Arbeit mit Menschen strahlt *Bernhard Huber* eine tiefe Stille aus. Dies öffnet einen Raum, in der sich die Menschen selbst begegnen können und sich gesehen fühlen. Mit viel Humor und einer großen Hingabe begleitet er sie in seiner Heilpraktikerpraxis auf eine ganzheitliche Art und Weise. Denn körperliche, geistige und seelische Gesundheit stellen sich immer dann ein, wenn ein Mensch sein eigenes Licht leuchten und seine Größe strahlen lassen kann. Die Menschen auf diesen Weg hinzuweisen, sieht er als seine Bestimmung an. Besonders am Herzen liegen ihm dabei die Männer. Sie zu unterstützen, die gesellschaftlichen Dogmen zu überwinden und den Seelenweg zu gehen, ist ihm ein großes Anliegen.

Weitere Informationen auf https://www.bernhard-huber-hp.de.

TAROT-Ausbildung

Gerd Bodhi Ziegler und *Bernhard Huber* geben einmal jährlich eine fundierte TAROTAusbildung. Das hier vermittelte Wissen kann sowohl dein eigenes Leben bereichern als auch dazu befähigen, mit anderen Menschen zu arbeiten.

Die Ausbildung qualifiziert dich, privat und professionell Tarotsitzungen zu geben. Du lernst, Menschen bei ihren Fragen, Problemen und ihrer Suche nach Klärung zu begleiten.

Das Lernen in diesem Training geschieht spielerisch und freudvoll. Die einzigartige Arbeit der Autoren dieses Buches verbindet Leichtigkeit und Humor mit einer tiefen, berührenden Selbstbegegnung.

Schwerpunkte der Ausbildung (Module):

- Gründliche Auseinandersetzung mit der Großen Arkana (Archetypen), der Kleinen Arkana (Elemente) und den Hofkarten (Beziehungsthemen).
- Schulung der Intuition, der Wahrnehmung und des Einfühlungsvermögens.
- Meditation, Selbstbegegnung und Klärung eigener Themen.
- Gesprächsführung, präzises Fragen, Legesysteme und Anwendungsmöglichkeiten im Alltag.
- Abschluss mit Zertifikat.

Anmeldung über
https://www.gerd-bodhi-ziegler.com